हर दिन
24 घंटे कैसे जिएँ

Time Management की Bestseller पुस्तक

हर दिन 24 घंटे कैसे जिएँ

आर्नल्ड बेनेट

प्रभात प्रकाशन

प्रकाशक
प्रभात प्रकाशन प्रा. लि.
4/19 आसफ अली रोड, नई दिल्ली–110002
फोन : 011–23289777 • हेल्पलाइन नं. : 7827007777
इ–मेल : prabhatbooks@gmail.com ❖ वेब ठिकाना : www.prabhatbooks.com

संस्करण
2026

अनुवाद
आनंद कुमार राय

पेपरबैक मूल्य
दो सौ पचास रुपए

मुद्रक
आर–टेक ऑफसेट प्रिंटर्स, दिल्ली

HAR DIN 24 GHANTE KAISE JIYEN
by Arnold Bennett
(Hindi translation of HOW TO LIVE ON 24 HOURS A DAY)

Published by **PRABHAT PAPERBACKS**
4/19 Asaf Ali Road, New Delhi-110002

ISBN 978-93-5521-335-8

₹ 250.00 (PB)

समय की सबसे बड़ी खूबी यह है कि इसे आप एडवांस में बरबाद नहीं करते। अगला वर्ष, अगला दिन, अगला घंटा आपके उपयोग के लिए तत्पर है—संपूर्णता में बिना किसी रुकावट के। अब यह आप पर निर्भर करता है कि आप जीवन में एक क्षण भी व्यर्थ न करें।

आप चाहे तो हर क्षण, हर घंटे एक नए अध्याय का सूत्रपात कर सकते हैं।

—आर्नल्ड बेनेट

दिन के 24 घंटे कैसे जिएँ

यह प्रस्तावना है और प्रस्तावना की तरह ही इसे पुस्तक के आरंभ में स्थान दिया गया है; लेकिन इसे पुस्तक के आखिर में पढ़ा जाना चाहिए।

इस संक्षिप्त रचना के संबंध में मुझे ढेर सारे संदेश मिले हैं और इसकी अनेकानेक समीक्षाएँ भी की गई हैं, जिनमें से कुछ तो इतनी लंबी-चौड़ी हैं, जितनी कि यह पुस्तक है। वे सभी प्रकाशित हो चुकी हैं, लेकिन शायद ही उनमें से किसी कमेंट में बुराई की गई है। कुछ लोगों ने हलके-फुलके अंदाज को लेकर आपत्ति की है। लेकिन मेरी राय में, मेरे अंदाज में बिल्कुल भी बेपरवाही नहीं थी, इसलिए मैं इस आपत्ति को ज्यादा अहमियत नहीं देता। अगर कोई इससे अधिक मेरी निंदा नहीं करता तो मैं यह मान लेता कि इस पुस्तक में कहीं कोई कमी नहीं है। लेकिन इससे भी कड़ी निंदा की गई है और ऐसा प्रेस में नहीं छपा, बल्कि कुछ

किस्म-किस्म के संवाददाताओं ने ऐसा किया है, जिन्हें वैसे तो मैं महत्त्व नहीं देता, फिर भी उनका जवाब देना मेरे लिए जरूरी हो जाता है। पेज 43 में मैंने इसका जिक्र किया है, क्योंकि मुझे इसकी आशंका थी कि इस प्रकार के आरोप मुझ पर लगेंगे। वह वाक्य, जिसके खिलाफ विरोध जताया जा रहा है, वह इस प्रकार है—"अधिकांश मामलों में उसे (यहाँ किसी पुरुष की ही बात हो रही है) अपने कारोबार में आनंद नहीं आता और सच कहें तो उसे वह बिल्कुल भी अच्छा नहीं लगता। बड़े बेमन से वह अपने कारोबार से जुड़े काम करता है। उन्हें पूरा करने में जितनी देरी कर सकता है, करता है और जितनी जल्दी हो सके, उसे खत्म करता है तथा उस काम को खत्म करने में उसे आनंद आता है। वह जब भी कारोबार से जुड़े काम करता है, तब उसके शरीर का इंजन शायद ही कभी अपने पूरे 'हॉर्स पावर' से दौड़ता है।"

मुझे स्पष्ट सच्चाई के स्वर में आश्वस्त किया जाता है कि ऐसे अनेक कारोबारी हैं, जिनमें केवल वही नहीं, जो बहुत अच्छी स्थिति में हैं या जिनका भविष्य उज्ज्वल है; बल्कि जो सामान्य स्तर के हैं और जिनकी स्थिति उससे बेहतर होने की संभावना नहीं है। फिर भी, उन्हें अपने कारोबार से जुड़े काम करने में आनंद आता है। वे उनसे बचने की कोशिश नहीं करते, जो अपने दफ्तर जहाँ तक हो सके, देरी से पहुँचने और जितनी जल्दी हो, घर जाने जैसे काम नहीं करते। यानी कहा जाए तो वे दिन भर पूरी क्षमता से काम करते हैं और शाम होते-होते सच में थककर चूर हो जाते हैं।

मैं इस पर यकीन करने के लिए तैयार हूँ। मैं यकीन करता भी हूँ। मैं यह सब जानता हूँ? मैं पहले से जानता था। लंदन और दूसरी जगहों पर भी मैंने कई साल कारोबार में छोटी-मोटी हैसियत वाले आदमी के तौर पर बिताए हैं और मैंने अपने कुछ साथ वालों को देखा था, जिनमें अपने काम के प्रति गंभीर लगाव था तथा जब वे उन कामों को किया करते थे, तब जहाँ तक संभव होता था, वे उन पलों का पूरा-पूरा आनंद लिया करते थे। लेकिन एक बात से मैं पूरी तरह सहमत हूँ कि इस तरह की किस्मतवाले और खुश रहनेवाले लोग (उम्मीद से ज्यादा मिलने की खुशी) बहुत बड़ी संख्या में या उसके आसपास भी नहीं होते।

मैं अब भी इस बात को मानता हूँ कि काम-धंधे को लेकर अधिकांश गंभीर और कर्मठ लोग (महत्त्वाकांक्षी और आदर्शवादी) सही मायने में शाम को थककर चूर होने के बाद घर नहीं जाते। मैं यकीन के साथ कह सकता हूँ कि वे जितनी ईमानदारी से मेहनत कर सकते हैं, उतनी अपनी आजीविका के लिए नहीं करते तथा उनका पेशा उनके लिए दिलचस्प कम और उबाऊ ज्यादा होता है।

इसके बावजूद मैं स्वीकार करता हूँ कि ऐसे गिने-चुने लोगों पर गौर करने की जरूरत है और मैं पहले इन्हें जिस तरह नजरअंदाज किया करता था, वैसा मुझे नहीं करना चाहिए था। कड़ी मेहनत करनेवाले गिने-चुने लोगों के साथ जो दिक्कत थी, उसे मेरे एक संवाददाता ने बोलचाल के अंदाज में एक वाक्य में

बता दिया। उसने लिखा—"मैं भी हर किसी की तरह यही चाहता हूँ कि मेरा कार्यक्रम सबसे अच्छा हो; लेकिन मैं आपसे कहना चाहता हूँ कि जब शाम को 6.30 बजे मैं अपने घर पहुँचता हूँ, तब मैं उतना तरोताजा नहीं रहता, जितना आप सोचते होंगे।"

यहाँ मैं एक बात कहना चाहूँगा कि अपने रोजाना के काम में उमंग और उत्साह के साथ जुट जानेवाले सीमित लोगों की निंदा उन लोगों से फिर भी कम की जानी चाहिए, जो अपने काम-काज को आधे-अधूरे मन से और निराशाजनक ढंग से करते हैं। उत्साह से जीनेवाले लोगों को 'कैसे जिएँ' के सलाह की उतनी जरूरत नहीं। वैसे भी, अपने आधिकारिक काम-काजवाले दिन वे आठ घंटे तक सच में जीवंत बने रहते हैं। उनके इंजन के 'हॉर्स पावर' वाला मीटर फुल पर रहता है। हो सकता है कि उनके दिन के बाकी के आठ घंटे बुरी तरह अस्त-व्यस्त रहते होंगे या बरबाद हो जाते होंगे; लेकिन दिन के आठ घंटे बरबाद करना सोलह घंटे बरबाद करने से फिर भी बेहतर ही है। बिल्कुल भी न जीने से अच्छा है कि कुछ तो जी लें। असली तबाही तो उस आदमी के साथ होती है, जो न तो ऑफिस में, न ही उसके बाद कोई ढंग का काम कर पाता है और यह पुस्तक खास तौर पर ऐसे ही लोगों के लिए है। लेकिन अब जो दूसरा और बेहतर आदमी है, वह कहता है, "भले ही मेरा कार्यक्रम उससे बेहतर है, फिर भी मैं चाहता हूँ कि मेरा कार्यक्रम और भी बेहतर हो। मैं इसमें खुश हूँ, पर मैं और जी भरकर जीना चाहता हूँ। लेकिन अपने आधिकारिक काम

को छोड़ मैं दूसरे दिन का काम उस दिन नहीं कर सकता हूँ।"

अब बात यह है कि एक लेखक के रूप में मुझे उन लोगों के विषय में अधिक सोचना चाहिए था, जिन्हें अपने जीवन में ज्यादा दिलचस्पी है। जिसने जिंदगी को जिया है, अकसर वही जिंदगी से और ज्यादा की इच्छा रखता है तथा जो इनसान कभी जागना ही नहीं चाहता, उसे जगाना सबसे मुश्किल काम होता है।

खैर, आप में से जो सीमित संख्यावाले लोग हैं, उनके विषय में यह मान लेते हैं कि रोजाना पैसे कमाने की आपकी जो जरूरत है, उसके चलते आप आगे के पन्नों में जो सुझाव दिए जाएँगे, उन सभी का पालन नहीं कर पाएँगे। कुछ सुझावों को लागू करना बाकी रह जाएगा। मैं मानता हूँ कि रात को घर लौटने में जो समय लगता है, उसका इस्तेमाल शायद आप नहीं कर सकते; लेकिन सुबह जब आप ऑफिस जाने का रास्ता तय करते हैं, उस समय को लेकर सुझाव आपके लिए भी उतना ही व्यावहारिक होगा, जितना कि दूसरों के लिए और हफ्ते में शनिवार से सोमवार के बीच जो 40 घंटे का खाली समय मिलता है, उसमें हो सकता है कि पूरे हफ्ते की थकान के चलते आप अपनी ताकत को पूरे 'हॉर्स पावर' से इस्तेमाल न कर सकें। फिर, हर हफ्ते में तीन या उससे ज्यादा शामों का जरूरी हिस्सा बाकी बचता है। आप मुझे साफ-साफ कह देते हैं कि आप इतना थक चुके होते हैं कि अपने काम के बाद रात को कुछ करने की हालत में नहीं होते। इसके

जवाब में मैं साफ-साफ कहता हूँ कि अगर आपके रोजाना के दिन का काम आपको इतना थका देता है तो आपके जीवन का संतुलन बिगड़ गया है, जिसे ठीक करना बेहद जरूरी है। एक आदमी की ताकत इतनी ही नहीं होती कि रोजाना के सामान्य काम का उस पर एकाधिकार हो जाए। तो फिर क्या करना होगा?

सबसे आसान काम आप यह कर सकते हैं कि रोजाना के काम को लेकर आपके भीतर जो उत्साह है, उसे होशियारी से थोड़ा कम कर लें। आप अपनी ताकत को उस कार्यक्रम पर ही खर्च कर देते हैं। ऐसा मत कीजिए। अपनी ताकत को उस काम के बाद के लिए बचाकर रखें। संक्षेप में कहें, तो सुबह जल्दी उठ जाएँ। आप कहेंगे कि आप ऐसा नहीं कर सकते। आप कहेंगे कि रात को जल्दी सोना आपके लिए संभव नहीं। ऐसा किया तो पूरे घर का काम गड़बड़ हो जाएगा। मुझे नहीं लगता कि रात को जल्दी सोना इतना असंभव-सा काम है। मुझे लगता है कि अगर आप ठान लें कि आपको सुबह जल्दी उठना है और इसके चलते आपकी नींद पूरी नहीं हो पाती है तो उस वजह से भी आप जल्दी सोने लग जाएँगे। लेकिन मैं यह नहीं मानता कि सुबह जल्दी उठने से नींद पूरी नहीं होती। मुझे लगता है कि नींद काफी हद तक आदत की बात है और ढुलमुल रवैए की भी। यह विश्वास हर साल और गहरा हो रहा है। मैं पक्के तौर पर कहता हूँ कि ज्यादातर लोग जितना सो सकते हैं, सोते हैं, क्योंकि उनके पास करने को कुछ भी नहीं होता। आप ही बताइए कि कार्टर

पैटरसन की वैन से रोजाना आपके पास की सड़क से गुजरनेवाला बलवान्-स्वस्थ आदमी हर दिन कितना सोता होगा? इस बारे में मैंने एक डॉक्टर से सलाह ली थी। ये वे डॉक्टर थे, जो लंदन के एक बड़े रिहायशी इलाके में चौबीस साल से प्रैक्टिस कर रहे थे। उस इलाके में बिल्कुल हमारे-आपके जैसे लोग ही रहते थे। वे रूखे स्वभाव के हैं और उनका जवाब भी रूखा था—

"ज्यादातर लोग सो-सोकर खुद को मूर्ख बना लेते हैं।"

फिर उन्होंने बताया कि अगर दस में से नौ लोग सोने में कम समय बिताते तो न केवल उनकी सेहत अच्छी होती, बल्कि वे जीवन का आनंद भी ज्यादा उठा पाते।

उनके इस निष्कर्ष की अन्य डॉक्टरों ने पुष्टि की है, भले ही यह बात जवान होते लोगों पर लागू नहीं होती।

एक घंटे, डेढ़ घंटे, यहाँ तक कि दो घंटे पहले उठ जाएँ और अगर जागना संभव न हो तो रात को जल्दी सो जाएँ। जहाँ तक बेहद मुश्किल कामों की बात है, तो जो काम आप शाम के दो घंटे में करेंगे, वही सुबह एक घंटे में हो जाएगा। फिर भी आप कहते हैं, "लेकिन कुछ खाए बिना और नौकरों की मदद के बगैर मैं ऐसा नहीं कर सकता।" बेशक मेरे प्रिय महानुभाव, जब इस युग में तेलवाली एक शानदार दीया-बाती (सॉसपैन के साथ) 1 शिलिंग से भी कम में खरीदी जा सकती है, तब आप अपने तन-मन-धन की समृद्धि को किसी साथी मुनष्य के अनिश्चित सहयोग

के भरोसे नहीं छोड़ना चाहेंगे! वह चाहे जो भी हो, उसे रात को ही निर्देश दे दीजिए। उससे कह दीजिए कि रात को किसी सही जगह पर एक ट्रे रख दे और उस ट्रे में दो बिस्कुट, एक कप, तश्तरी, माचिस की डिब्बी एवं तेल वाली बाती रख दे। तेल की बाती पर सॉसपैन तथा सॉसपैन पर ढक्कन रखे, लेकिन उलटी तरफ से। उलटे ढक्कन पर छोटा सा टी-पॉट रखे, जिसमें थोड़ी सी चाय की पत्ती हो। फिर आपको बस, माचिस की एक तीली जलानी होगी। तीन मिनट के भीतर पानी उबल जाएगा, जिसे आप टी-पॉट (जो पहले से ही गरम है) में डाल दें। पत्ती का अर्क छूटने में तीन मिनट और लगेगा। इसे पीकर आप दिन की शुरुआत कर सकते हैं। ऐसी छोटी-छोटी बातें बेवकूफी भरी लग सकती हैं; लेकिन जो समझदार हैं, उन्हें ऐसा नहीं लगेगा। किसी के पूरे जीवन का सही, बुद्धिमानी से बनाया गया संतुलन काम के समय आसानी से मिली एक कप चाय पर निर्भर कर सकता है।

—आर्नल्ड बेनेट

अनुक्रम

1

रोज होनेवाला चमत्कार

"हाँ, वह भी उन लोगों जैसा ही है, जिन्हें समझ नहीं आता कि सबकुछ कैसे ठीक कर ले। वैसे, हालात अच्छे हैं। नियमित आय है, जो ऐशो-आराम से लेकर जरूरतें पूरी करने के लिए काफी है। वह पैसे उड़ानेवाला भी नहीं है, फिर भी उसकी मुश्किलें कम नहीं होतीं। पता नहीं कैसे, पर पैसे कम पड़ जाते हैं। उसका फ्लैट शानदार है, पर आधा खाली है। ऐसा लगता है, जैसे अभी-अभी ब्रोकर उसके घर से होकर गया है। सूट नया है, हैट पुरानी है, बढ़िया नेकटाई है, ट्राउजर बैगी है। आपको डिनर का न्योता देता है। शानदार क्रॉकरी, लेकिन खराब मटन या टर्किश कॉफी पर कप में क्रैक है! उसे समझ नहीं आता कि क्या करे? सीधी सी बात है कि वह अपनी कमाई को बरबाद कर देता है। काश, मैं उसका आधा भी कमा लेता, फिर मैं उसे दिखाता!"

इसी तरह हमने भी कभी-न-कभी अपने ही तरीके से लोगों की बुराई की है।

हम में से लगभग सभी सरकारी खजाने के कर्ता-धर्ता से कम नहीं हैं। कम-से-कम ऐसा होने का गर्व तो करते ही हैं। अखबार ऐसे लेखों से भरे होते हैं, जिनमें लिखा होता है कि इतने-इतने पैसों में ही कैसे जिएँ और उस पर जो बातचीत होती है, उसका खतरनाक अंजाम साबित करता है कि वह इतनी उत्सुकता कैसे जगा देता है। हाल ही में एक अखबार में इस सवाल पर संग्राम छिड़ा था कि क्या एक महिला इस देश में 85 पाउंड में साल भर आराम से जी सकती है? मैंने एक लेख देखा है, '8 शिलिंग में एक हफ्ता कैसे गुजारें?' लेकिन ऐसा लेख कभी नहीं देखा, 'दिन के पूरे चौबीस घंटे कैसे जिएँ'। फिर भी, कहनेवाले कहते हैं कि 'टाइम इज मनी।' इस कहावत से इस मामले का महत्त्व नहीं रह जाता। समय पैसे से कहीं ज्यादा कीमती है। अगर आपके पास समय है तो आम तौर पर आप पैसे कमा सकते हैं। लेकिन आपके पास अगर कार्लटन होटल के अमानती घर के अटेंडेंट जितनी ही दौलत है तो मेरे पास जितना

हम में से लगभग सभी सरकारी खजाने के कर्ता-धर्ता से कम नहीं हैं। कम-से-कम ऐसा होने का गर्व तो करते ही हैं। अखबार ऐसे लेखों से भरे होते हैं, जिनमें लिखा होता है कि इतने-इतने पैसों में ही कैसे जिएँ और उस पर जो बातचीत होती है, उसका खतरनाक अंजाम साबित करता है कि वह इतनी उत्सुकता कैसे जगा देता है।

समय है या उस बिल्ली के पास, जो आग के पास गरमी का मजा ले रही है, आप अपने लिए एक मिनट से भी अधिक नहीं खरीद सकते।

दार्शनिकों ने अंतरिक्ष की व्याख्या कर दी। उन्होंने समय की व्याख्या नहीं की। यह सारी चीजों का मूल तत्त्व है, जिसे समझाया नहीं जा सकता है। यह है तो सबकुछ संभव है, नहीं है तो कुछ नहीं हो सकता है। जिस प्रकार हर दिन हमें समय मिलता है, उस पर गौर किया जाए तो वह अपने आप में ही किसी चमत्कार से कम नहीं। आप सुबह सोकर उठते हैं तो सोचिए, क्या मिलता है? किसी चमत्कार की तरह आपके बटुए में चौबीस घंटे भर जाते हैं, जिससे आप अपनी जिंदगी को आगे बढ़ा सकते हैं। वह पूरा-का-पूरा आपका ही होता है। आपके पास इससे कीमती कोई दौलत नहीं होती। एक बेहद अद्‌भुत-सी चीज आपको उसी अनोखे तरीके से दी जाती है, जितनी कि वह अपने आप में अनोखी होती है।

दार्शनिकों ने अंतरिक्ष की व्याख्या कर दी। उन्होंने समय की व्याख्या नहीं की। यह सारी चीजों का मूल तत्त्व है, जिसे समझाया नहीं जा सकता है। यह है तो सबकुछ संभव है, नहीं है तो कुछ नहीं हो सकता है।

इसे कोई आपसे छीन नहीं सकता। अकसर आपने सुना होगा कि इसे कोई चुरा नहीं सकता और जितना आपको मिलता है,

उससे न कम, न ज्यादा किसी और को मिलता है। बताइए, इससे आदर्श लोकतंत्र क्या हो सकता है? समय के साम्राज्य में दौलत अपनी रईसी नहीं झाड़ सकता, न ही ज्ञान अपने श्रेष्ठ होने का दम भर सकता है। कितना ही ज्ञान क्यों न हो, लेकिन उसे दिन में एक अतिरिक्त घंटे का इनाम नहीं दिया जा सकता, न ही एक घंटा काट लेने का दंड दिया जा सकता है। आप चाहे इस अंतहीन कीमती चीज को कितना ही बरबाद क्यों न करें, आपके पास इसे आने से कोई रोक नहीं सकता। कोई रहस्यमयी ताकत यह नहीं कहेगी, "अगर यह आदमी भोला नहीं तो मूर्ख जरूर है। उसे समय दिए जाने का कोई हक नहीं। उससे इसे छीन लो।" यह ब्रिटिश सरकार के शेयर से भी अधिक सुरक्षित है और किसी रविवार से इसके भुगतान पर कोई असर नहीं होता। यही नहीं, भविष्य के लिए आप इसे निकाल नहीं सकते। इसलिए कर्ज में डूबना तो असंभव है। आप बस, गुजरते पल को बरबाद कर सकते हैं। आप इसे आनेवाले कल में बरबाद नहीं कर सकते। इसे कल के लिए सुरक्षित रखा गया है। आप अगला घंटा

आप चाहे इस अंतहीन कीमती चीज को कितना ही बरबाद क्यों न करें, आपके पास इसे आने से कोई रोक नहीं सकता। कोई रहस्यमयी ताकत यह नहीं कहेगी, "अगर यह आदमी भोला नहीं तो मूर्ख जरूर है। उसे समय दिए जाने का कोई हक नहीं। उससे इसे छीन लो।"

बरबाद नहीं कर सकते। वह आपके लिए बचा रहता है।

मैंने कहा था न कि यह एक चमत्कार है। बताइए, है कि नहीं?

आपको रोजाना के इस चौबीस घंटे को ही जीना है। इसी से आपको स्वास्थ्य, सुख, संपत्ति, संतुष्टि, सम्मान और अपनी अमर आत्मा के उत्थान को हासिल करना है। इसका उचित इस्तेमाल, इसका सबसे प्रभावी उपयोग बेहद जरूरी विषय और सबसे रोमांचक वास्तविकता भी है। सबकुछ इसी पर निर्भर है। आपकी खुशी, मुश्किल से हासिल होनेवाली दौलत, जिसे मुट्ठी में करने की कोशिश आप सभी कर रहे हैं, साथियो, वह इस पर ही निर्भर करती है।

> ***आपको रोजाना के इस चौबीस घंटे को ही जीना है। इसी से आपको स्वास्थ्य, सुख, संपत्ति, संतुष्टि, सम्मान और अपनी अमर आत्मा के उत्थान को हासिल करना है।***

आश्चर्य है कि इतने सारे अखबार, जो इतनी मेहनत करते हैं और पल-पल की खबर देते हैं, उनमें इसकी खूब चर्चा नहीं होती कि 'समय की मिली दौलत से कैसे जिएँ!' इसकी बजाय यह होता है—'इतने पैसे कमाते हैं तो कैसे जिएँ!' समय के आगे पैसे का कोई महत्त्व नहीं। अगर कोई भी सोचे तो उसे समझ आ जाता है कि पैसा तो सबसे सामान्य सी चीज है। इस धरती पर यहाँ-वहाँ इसके ढेर मिल जाएँगे।

अगर कोई एक निश्चित आय पर जी नहीं पाता तो वह थोड़ा और कमाता है, चुराता है या उसकी माँग करता है। कुछ लोग साल में 1,000 पाउंड कमाकर भी अपनी जिंदगी नहीं चला पाते और उसे अस्त-व्यस्त कर लेते हैं। इससे जी नहीं भरता तो अपने हाड़-मांस को मानो गिरवी रख देते हैं और बजट को सँभालते हैं। लेकिन किसी को यह समझ नहीं आता कि दिन के चौबीस घंटे को कैसे व्यवस्थित करें, जिससे सभी खर्च निपटाए जा सकते हैं, तो वह निश्चित तौर पर अपनी पूरी जिंदगी अस्त-व्यस्त कर लेता है। वैसे तो समय की आपूर्ति अद्‌भुत रूप से नियमित होती है, लेकिन उतनी ही निर्दयता से यह सीमित भी होती है।

अगर कोई एक निश्चित आय पर जी नहीं पाता तो वह थोड़ा और कमाता है, चुराता है या उसकी माँग करता है। कुछ लोग साल में 1,000 पाउंड कमाकर भी अपनी जिंदगी नहीं चला पाते और उसे अस्त-व्यस्त कर लेते हैं।

हम में से कौन है, जो दिन के चौबीस घंटे जीता है ? और मैं जब कहता हूँ कि 'जीता है' तो मेरा मतलब जीवित रहने से नहीं, न ही अस्त-व्यस्त जीने से है। हम में से कौन इस बेचैन करनेवाली भावना से मुक्त है कि उसकी रोजाना की जिंदगी में भारी खर्च के मामले उस तरह नहीं सँभल रहे, जैसे कि सँभलने चाहिए ? हम में से कौन इस बात को लेकर निश्चिंत है कि उसे शानदार सूट के साथ शर्मिंदा करनेवाली हैट नहीं पहननी पड़ रही है या शानदार क्रॉकरी

के चक्कर में उसे यह खयाल नहीं रहा कि खाना कितना खराब है! हम में से कौन है, जो खुद से यह नहीं कह रहा है? हम में से कौन है, जो पूरी जिंदगी यह नहीं कहता रहा है, "मैं यह करूँगा, जब मेरे पास थोड़ा और समय होगा?"

हमारे पास कभी और समय नहीं होगा। हमारे पास पूरा समय है, हमेशा से था और आगे भी रहेगा। इस गहरी और नजरअंदाज की जा रही सच्चाई (जिसका पता मैंने नहीं लगाया है) का एहसास होने के बाद ही मैंने रोजाना किए जानेवाले समय के मिनट-मिनट के खर्च का हिसाब लगाया है।

□

2

अपने काम से बढ़कर करने की इच्छा

लेकिन अंग्रेजों की तरह अपनी इस बात के सिवाय सारी बातों को फिजूल बतानेवाला कोई यह कह सकता है, "यह दिन के चौबीस घंटे की क्या बात कर रहा है? मैं तो आराम से दिन के चौबीस घंटे जी सकता हूँ। मैं जो चाहता हूँ, करता हूँ और उसके बाद भी मुझे अखबार की प्रतियोगिताओं में शामिल होने का समय मिल जाता है। यह कौन नहीं जानता कि एक दिन में केवल चौबीस घंटे होते हैं और उस चौबीस घंटे में ही सारे काम निपटाने होते हैं।"

ऐसी बात करनेवाले प्रिय महानुभाव, मैं आपसे माफी चाहता हूँ। सच कहूँ तो लगभग 40 साल से मैं आपके जैसे व्यक्ति को ही ढूँढ़ रहा हूँ। कृपा करके मुझे अपना नाम व पता भेज दीजिए और यह भी बताइए कि मुझे यह बताने के लिए कितने पैसे लेंगे कि आप यह सब कैसे कर लेते हैं? मैं आपको क्या बताऊँगा,

आप ही मुझे बता दीजिए। चलिए, आगे आइए। मैं मानता हूँ कि आप इस दुनिया में हैं और यह मेरा दुर्भाग्य है कि मैं आपसे अब तक नहीं मिला हूँ। जब तक आप मुझसे मिल नहीं लेते, तब तक मैं अपने उन साथियों से बातचीत करता रहूँगा, जो मुसीबत में हैं। ऐसे अनगिनत लोग, जिन्हें दिन-रात यह डर सताता रहता है कि साल धीरे-धीरे निकलते चले जा रहे हैं और अब तक उनकी जिंदगी सही तरीके से पटरी पर नहीं आई है।

अगर हम इस भावना का विश्लेषण करें तो पाएँगे कि मुख्य रूप से यह उम्मीदों की, आगे बढ़ने की, कुछ करने की बेचैनी है। यह लगातार दुःख देती रहती है, क्योंकि इसका रवैया हमारी सारी खुशियों में जहर घोलनेवाला होता है।

अगर हम इस भावना का विश्लेषण करें तो पाएँगे कि मुख्य रूप से यह उम्मीदों की, आगे बढ़ने की, कुछ करने की बेचैनी है। यह लगातार दुःख देती रहती है, क्योंकि इसका रवैया हमारी सारी खुशियों में जहर घोलनेवाला होता है। हम थिएटर में जाते हैं और ठहाके लगाते हैं, लेकिन वहाँ भी यह हमें परेशान करने पहुँच जाती है। हम आखिरी ट्रेन को पकड़ने के लिए पागलों की तरह भागते हैं और जब उस आखिरी ट्रेन का इंतजार करते-करते थकने लगते हैं, तब यह फिर से हमारे सामने आती है और पूछती है, “अरे भाई, अपनी जवानी में तुमने क्या किया? अपनी जिंदगी में तुम क्या कर रहे हो?” तो आप

कहेंगे कि हमेशा आगे की ओर देखना, कुछ करने की बात सोचना जीवन का एक हिस्सा होता है और इसे जिंदगी से अलग नहीं किया जा सकता है। यह सच है!

लेकिन इसकी भी अपनी-अपनी सीमा होती है। किसी को मक्का जाने की इच्छा हो सकती है। उसका मन कहता है कि उसे मक्का जाना चाहिए। वह ट्रैवल एजेंसी कुक की मदद से या वैसे ही यात्रा पर निकल पड़ता है। हो सकता है कि वह कभी मक्का पहुँच ही न पाए। हो सकता है कि वह सईद बंदरगाह पहुँचने से पहले डूब जाए। हो सकता है कि वह लाल सागर के तट पर गुमनामी की मौत मर जाए। उसकी इच्छा हमेशा के लिए अधूरी रह जाए। यह अधूरी इच्छा हमेशा के लिए उसे सताएगी। लेकिन उसे उतनी यातना नहीं झेलनी पड़ेगी, जितनी कि उस आदमी को झेलनी पड़ती है, जो मक्का पहुँचने की इच्छा रखता है या मक्का पहुँचने की इच्छा में तड़पता रहता है, लेकिन कभी ब्रिक्सटन से निकलता नहीं है।

लेकिन इसकी भी अपनी-अपनी सीमा होती है। किसी को मक्का जाने की इच्छा हो सकती है। उसका मन कहता है कि उसे मक्का जाना चाहिए। वह ट्रैवल एजेंसी कुक की मदद से या वैसे ही यात्रा पर निकल पड़ता है।

ब्रिक्सटन से निकलना तो जरूरी है। हम में से ज्यादातर लोग

ब्रिक्सटन से निकले ही नहीं हैं। हमने तो लुडगेट सर्कस के लिए कैब भी नहीं ली है, न ही कुक्स से पूछा है कि उस यात्रा के कितने पैसे लगेंगे, और हम अपनी तसल्ली के लिए बहाना बनाते हैं कि दिन में केवल चौबीस घंटे ही होते हैं। अगर हम अपनी अस्पष्ट और बेचैन करनेवाली इच्छा को अच्छी तरह समझने की कोशिश करते हैं तो मुझे लगता है कि हमें यह समझ आ जाएगा कि इसका कारण एक निश्चित सोच है। यह सोच कहती है कि हमें जिन कामों को हम आज्ञाकारी बनकर और नैतिक दायित्व के कारण करते हैं, उनके अलावा भी हमें कुछ करना चाहिए। हम तमाम लिखित एवं अलिखित नियमों से बँधे होते हैं कि हमें अपना और अपने परिवारों (यदि है) की सेहत व आराम का खयाल रखना है, अपने कर्ज चुकाने हैं, बचत करनी है, अपनी कुशलता को बढ़ाकर समृद्धि को बढ़ाना है। एक ऐसा काम, जो अच्छा-खासा मुश्किल है। एक काम, जिसे हम में से कुछ ही लोग पूरा कर पाते हैं। एक ऐसा काम, जिसे करने की हम में कुशलता नहीं है, फिर भी हम यदि ऐसा करने में सफल होते हैं तो हमें संतुष्टि नहीं मिलती। वह भावना हमारा पीछा तब भी नहीं छोड़ती।

अगर हम अपनी अस्पष्ट और बेचैन करनेवाली इच्छा को अच्छी तरह समझने की कोशिश करते हैं तो मुझे लगता है कि हमें यह समझ आ जाएगा कि इसका कारण एक निश्चित सोच है।

और हम जब यह समझ जाते हैं कि वह काम हमारे वश की बात नहीं है, हमारे पास उसका सामना करने की ताकत नहीं है तो हमें लगता है कि हम अगर अपनी क्षमता से कुछ और करवाना चाहते हैं, जबकि वह पहले ही कम पड़ रही है तो हमें ज्यादा असंतुष्ट महसूस नहीं करना चाहिए।

और निश्चित रूप से, यह सच्चाई है। अपने रोजाना के काम से कुछ अलग करने की तमन्ना हर किसी में होती है, जो अब तक की जिंदगी में एक निश्चित स्तर से ऊपर उठ चुका है।

और निश्चित रूप से, यह सच्चाई है। अपने रोजाना के काम से कुछ अलग करने की तमन्ना हर किसी में होती है, जो अब तक की जिंदगी में एक निश्चित स्तर से ऊपर उठ चुका है।

जब तक उस इच्छा को पूरा करने के लिए कोई प्रयास नहीं किया जाता है, तब तक किसी चीज के शुरू होने की बेचैन करनेवाली भावना मन की शांति को भंग करती रहेगी। इस इच्छा को अलग-अलग नाम दिया गया है। यह ज्ञान हासिल करने की इच्छा का एक रूप है, जो सभी में होती है और यह इतनी तीव्र होती है कि जिन लोगों ने अपना पूरा जीवन ज्ञान हासिल करने के प्रति समर्पित कर दिया है, उनमें भी और अधिक ज्ञान पाने के लिए अपने रोजाना के काम से कुछ अधिक करने की इच्छा रहती है।

यहाँ तक कि हर्बट स्पेंसर भी, जो मेरी राय में इस दुनिया के अब तक के सबसे बुद्धिमान व्यक्ति थे, वे भी कुछ हद तक इस दिशा में सोचने पर मजबूर हो जाते थे।

मैं सोचता हूँ कि ऐसे अधिकांश लोग, जो जिंदगी को सोच-समझकर जीते हैं, यानी ऐसे लोग, जिनमें जानने की जिज्ञासा है, उनमें औपचारिक कामों के अलावा कुछ और करने की इच्छा लिखने-पढ़ने के रूप में सामने आती है। वे ज्यादा-से-ज्यादा पढ़ना चाहते हैं। निश्चित रूप से, ब्रिटेन के लोग साहित्य में ज्यादा दिलचस्पी ले रहे हैं। लेकिन मैं कहना चाहूँगा कि साहित्य में ही सारा ज्ञान नहीं छिपा है। अपने ज्ञान को बढ़ाने के लिए हो सकता है कि कोई साहित्य से अलग जाकर अपनी जिज्ञासा को शांत करे। अपनी जिज्ञासा को शांत करने के लिए अलग-अलग तरीकों पर मैं आगे बात करूँगा। अभी मैं उन लोगों से, जिन्हें साहित्य से कोई स्वाभाविक लगाव नहीं है। इतना ही कहूँगा कि प्यास बुझाने के लिए साहित्य ही एकमात्र कुआँ नहीं है।

□

3

शुरुआत करने से पहले की सावधानियाँ

चूँकि अब मैं इस हद तक सफल हो गया हूँ (अगर सफल हो गया हूँ तो) कि आप स्वयं स्वीकार कर रहे हैं कि आपका जीवन जिस हाल में है और उसे लेकर दिन-रात एक दबा हुआ असंतोष आपको परेशान कर रहा है तो उस परेशानी भरे असंतोष की वजह मुख्य रूप से एक ऐसी भावना है कि हर दिन आप कुछ करना चाहते हैं, लेकिन उसे कर नहीं पाते तथा उसे आप हमेशा ही तब करने की उम्मीद करते हैं, जब आपके पास 'और समय' होगा। और चूँकि अब मैंने आपका ध्यान इस सामने दिख रही चौंधिया देनेवाली सच्चाई की ओर दिलाया है कि आपके पास कभी भी 'और समय' नहीं होगा, क्योंकि जितना समय है, वह सारा आपके पास है, तब आप मुझसे किसी कमाल के रहस्य की जानकारी देने की उम्मीद कर रहे हैं, ताकि आप अपना दिन इस शानदार तरीके से बिताएँ कि हर दिन कुछ न कर पाने की जो दुःखदायी और

परेशान करनेवाली भावना है, उससे आपका पीछा छूट जाए।

आज तक मुझे ऐसा कोई कमाल का रहस्य नहीं मिला है, न ही मैं उम्मीद करता हूँ कि वह मुझे मिले, न ही मुझे लगता है कि किसी और को कभी वह मिल पाएगा। आज तक ऐसा रहस्य नहीं मिला है। जब आपको मेरी मंशा समझ आने लगी, तब शायद आपके दिल में एक उम्मीद जगी थी। शायद आपने खुद से कहा होगा, "यह आदमी मुझे उस काम को करने का एक आसान और आरामदेह तरीका बता देगा, जिसे मैं बेकार ही इतने दिनों से ढूँढ़ रहा था।" अफसोस कि ऐसा कुछ भी नहीं है। सच तो यही है कि कोई आसान रास्ता नहीं, कोई शाही सड़क नहीं। मक्का का रास्ता बेहद कठिन और काँटों से भरा है तथा सबसे बुरा तो यह है कि आप कभी वहाँ पहुँच नहीं सकते।

आज तक मुझे ऐसा कोई कमाल का रहस्य नहीं मिला है, न ही मैं उम्मीद करता हूँ कि वह मुझे मिले, न ही मुझे लगता है कि किसी और को कभी वह मिल पाएगा। आज तक ऐसा रहस्य नहीं मिला है।

अपने जीवन को इस प्रकार व्यवस्थित करने की दिशा में पहला सबसे जरूरी काम यह है कि ठंडे दिमाग से हम समझ लें कि यह काम बेहद मुश्किल है। इसमें बहुत त्याग करना पड़ता है और अंतहीन प्रयास करने पड़ते हैं, तब जाकर कोई इनसान अपने रोजाना

के चौबीस घंटे के बजट में पूरी तरह और आराम से जी पाता है। मैं ज्यादा जोर नहीं देना चाहता कि आप ऐसा करें।

अगर आप सोचते हैं कि आप अपना आदर्श जीवन होशियारी से एक पेन और कागज के टुकड़े की मदद से बनाए गए टाइम-टेबल से हासिल कर लेंगे तो अच्छा होगा कि आप अपनी इस उम्मीद से हाथ धो लें। अगर आप हतोत्साह और भ्रम का शिकार नहीं होना चाहते हैं, अगर आप खूब प्रयास के बाद मामूली फायदे से संतुष्ट नहीं होंगे तो शुरुआत मत कीजिए। लेट जाइए और ऊँघने लग जाइए, जिससे आप बेचैन होते हैं और अपना जीवन कहते हैं। यह बड़े दु:ख की बात है, है न और काफी दु:खी व निराश करनेवाली भी! इसके बावजूद मुझे लगता है कि यह ठीक है, वह भी इस कारण, क्योंकि कुछ भी बहुत अच्छा करने से पहले अपनी इच्छा पर सख्त लगाम लगाना जरूरी होता है। मुझे खुद भी यह अच्छा लगता है। मुझे लगता है कि मैं सबकुछ हूँ और यही मुझे आग के किनारे बैठी बिल्ली से अलग बनाती है।

अगर आप सोचते हैं कि आप अपना आदर्श जीवन होशियारी से एक पेन और कागज के टुकड़े की मदद से बनाए गए टाइम-टेबल से हासिल कर लेंगे तो अच्छा होगा कि आप अपनी इस उम्मीद से हाथ धो लें।

आप कहते हैं, "ठीक है, मान लो, मैं इस जंग के लिए तैयार

हूँ। मान लो कि मैंने आपकी भारी-भरकम बातों के महत्त्व को परखा और ध्यान से समझ लिया है, तो मैं शुरुआत कैसे करूँ?" डियर सर, आप बस, शुरुआत कर दीजिए। शुरुआत करने का कोई जादुई तरीका नहीं है। अगर कोई आदमी स्वीमिंग पूल के किनारे खड़ा है और ठंडे पानी में छलाँग लगाने वाला है तो आपसे पूछेगा, "मैं छलाँग लगाना कैसे शुरू करूँ?" तो आप तो यही कहेंगे न, "बस, कूद जाओ। मन को शांत रखो और पक्के इरादे के साथ कूद जाओ।"

अगर कोई आदमी स्वीमिंग पूल के किनारे खड़ा है और ठंडे पानी में छलाँग लगाने वाला है तो आपसे पूछेगा, "मैं छलाँग लगाना कैसे शुरू करूँ?" तो आप तो यही कहेंगे न, "बस, कूद जाओ। मन को शांत रखो और पक्के इरादे के साथ कूद जाओ।"

जैसा कि मैंने पहले कहा था कि समय की निरंतर आपूर्ति की सबसे बड़ी खूबसूरती यह है कि आप इसे एडवांस में बरबाद नहीं कर सकते। अगला साल, अगला दिन, अगला घंटा आपके लिए उसी प्रकार पूरी तरह सुरक्षित रहता है, जैसे आपने अपने पूरे कॅरियर में एक भी पल न तो बरबाद किया है, न ही गलत काम में बिताया है। यह ऐसा सच है, जिससे काफी सुकून मिलता है और मन का डर भी निकल जाता है। अगर आप चाहें तो हर घंटे एक नई शुरुआत कर सकते हैं। इसलिए, अगले हफ्ते या फिर कल का इंतजार करने से भी कुछ

हासिल नहीं होगा। आप अंदाजा लगा सकते हैं कि अगले हफ्ते पानी थोड़ा गरम होगा। वह और ठंडा हो जाएगा।

लेकिन आप शुरुआत करें, उससे पहले मैं धीरे से आपके कानों में सावधान करनेवाली कुछ बात कह देना चाहता हूँ।

मैं मुख्य रूप से आपको अपने उत्साह से सावधान कर देना चाहता हूँ। अच्छा करने का उत्साह भुलावा और छलावा है। यह तुरंत लागू किए जाने की माँग करता है। आप इसे संतुष्ट नहीं कर सकते। इसकी इच्छा बढ़ती चली जाती है।

मैं मुख्य रूप से आपको अपने उत्साह से सावधान कर देना चाहता हूँ। अच्छा करने का उत्साह भुलावा और छलावा है। यह तुरंत लागू किए जाने की माँग करता है। आप इसे संतुष्ट नहीं कर सकते। इसकी इच्छा बढ़ती चली जाती है। यह पहाड़ हिला देने और नदियों का रास्ता बदल देने के लिए व्याकुल रहता है। यह तब तक संतुष्ट नहीं होता, जब तक अपना पसीना न बहा ले। और अकसर ऐसा देखा गया है कि जब उसके माथे पर पसीना आ जाता है तो अचानक ही वह थक जाता है और फिर समाप्त हो जाता है। इतना कहने की परवाह भी नहीं करता कि “बस, अब बहुत हो गया।”

सावधान रहें और शुरुआत में बहुत कुछ करने की कोशिश न करें। जो मिल जाए, उसी में खुश रहें। संकट के लिए तैयार रहें।

इनसान के स्वभाव के लिए, खास तौर पर अपने स्वभाव का सामना करने के लिए, तैयार रहें।

> ***अगर आत्मसम्मान और आत्मविश्वास को ठेस न पहुँचे तो विफलता की ज्यादा चिंता करने की जरूरत नहीं है। लेकिन सफलता से बड़ी कोई सफलता नहीं होती, उसी प्रकार विफलता से बड़ी कोई विफलता नहीं होती। अधिकांश लोग, जो बरबाद हो जाते हैं, वे कुछ ज्यादा ही करने की कोशिश में बरबाद होते हैं।***

अगर आत्मसम्मान और आत्मविश्वास को ठेस न पहुँचे तो विफलता की ज्यादा चिंता करने की जरूरत नहीं है। लेकिन सफलता से बड़ी कोई सफलता नहीं होती, उसी प्रकार विफलता से बड़ी कोई विफलता नहीं होती। अधिकांश लोग, जो बरबाद हो जाते हैं, वे कुछ ज्यादा ही करने की कोशिश में बरबाद होते हैं। इसलिए हम जब एक दिन में चौबीस घंटे की सख्त सीमा में जी भरकर और आराम से जीने के इस महान् कार्य को करने निकले हैं तो हमें किसी भी कीमत पर शुरुआत में ही विफल होने से बचना होगा। मैं किसी भी दृष्टि से इस बात को नहीं मानूँगा कि इस काम में छोटी-मोटी सफलता के मुकाबले शानदार विफलता अच्छी है। शानदार विफलता से कुछ नहीं मिलता। छोटी-मोटी सफलता से ऐसी सफलता मिल सकती है, जो छोटी नहीं होती। इसलिए दिन के समय के बजट पर गौर करना शुरू करते हैं।

दिन के 24 घंटे कैसे जिएँ

आप कहते हैं कि आपके पास दिन में इतने काम होते हैं कि समय कम पड़ जाता है। ऐसा कैसे होता है? अपनी आजीविका के लिए वास्तव में आप कितना समय खर्च करते हैं? औसत रूप से सात घंटे। और सोने में सात घंटे। चलिए, थोड़ा और देते हुए मैं इसे दो घंटे बढ़ा देता हूँ। और अब, मैं आपको चुनौती देता हूँ कि आप एकदम अभी बताइए कि बाकी के आठ घंटे आप क्या करते हैं?

□

4

समस्याओं का कारण

समय खर्च करने को लेकर उसकी पूरी वास्तविकता को समझने के लिए मुझे किसी व्यक्तिगत मामले को लेना होगा, ताकि उसकी पूरी छानबीन कर सकूँ। मैं केवल एक मामले की बात कर सकता हूँ और वह मामला औसत मामला नहीं हो सकता, क्योंकि औसत मामला जैसा कुछ होता ही नहीं। जैसे औसत व्यक्ति जैसा कोई व्यक्ति नहीं होता। हर व्यक्ति और उसका क्रिया-कलाप खास किस्म का होता है।

लेकिन मैं किसी लंदन वासी की बात करूँ जो किसी दफ्तर में काम करता है और जिसका दफ्तर सुबह 10 बजे से शाम 6 बजे तक होता है तथा जिसे सुबह व रात को अपने घर से दफ्तर तक जाने एवं घर लौटने में यात्रा पर 50 मिनट का समय लगता है। इसलिए मैं तथ्यों को ध्यान में रखते हुए जहाँ तक हो सकता है, एक औसत के करीब पहुँच सकता हूँ। कुछ लोग आजीविका के लिए कई-कई घंटे काम करते हैं; लेकिन कुछ ऐसे भी हैं, जिन्हें

ज्यादा देर तक काम करने की जरूरत नहीं होती।

यह तो अच्छा है कि हमें यहाँ जिंदगी के रुपए-पैसेवाले पहलू में कोई दिलचस्पी नहीं; क्योंकि इस वक्त हमारा जो उद्देश्य है, उसके लिए हर हफ्ते 1 पाउंड कमानेवाला क्लर्क भी उतना ही धनी है, जितना कि क्लार्क हाउस की छत पर आराम फरमानेवाला करोड़पति।

यहाँ मैं जिस व्यक्ति की बात कर रहा हूँ, वह अपने दिन के प्रति एक सामान्य रवैया रखने की सबसे बड़ी और भारी गलती करता है, जो एक ऐसी गलती है, जिससे उसकी ऊर्जा और दिलचस्पी को नुकसान होता है तथा उनमें कमी आ जाती है।

यहाँ मैं जिस व्यक्ति की बात कर रहा हूँ, वह अपने दिन के प्रति एक सामान्य रवैया रखने की सबसे बड़ी और भारी गलती करता है, जो एक ऐसी गलती है, जिससे उसकी ऊर्जा और दिलचस्पी को नुकसान होता है तथा उनमें कमी आ जाती है। अकसर ही उसे अपने काम-धंधे के प्रति उत्साह महसूस नहीं होता और सच कहें तो उसे वह बिल्कुल भी अच्छा नहीं लगता। अपने काम की शुरुआत पर बड़े बेमन से, जितनी देरी से संभव हो, उतनी देरी से करता है और खत्म करते समय उसे इतनी खुशी होती है कि उसे झटपट निपटा देता है तथा जब वह अपने काम पर होता है तो उसका इंजन शायद ही

कभी फुल 'एच.पी.' (मैं जानता हूँ कि गुस्साए हुए पाठक मुझ पर शहरी कामगारों को नीचा दिखाने का आरोप लगाएँगे; लेकिन मैं इस शहर को बहुत अच्छी तरह जानता हूँ और मैं अपनी बात पर कायम हूँ) पर होता है।

इसके बावजूद वह 10 से 6 के उन घंटों को 'मेरा दिन' के रूप में देखता है, जिनके मुकाबले दस घंटे पहले का समय तथा जिसके बाद के छह घंटे और कुछ नहीं, बल्कि प्रस्तावना व उपसंहार होते हैं।

इसके बावजूद वह 10 से 6 के उन घंटों को 'मेरा दिन' के रूप में देखता है, जिनके मुकाबले दस घंटे पहले का समय तथा जिसके बाद के छह घंटे और कुछ नहीं, बल्कि प्रस्तावना व उपसंहार होते हैं। अनजाने में ही सही, लेकिन इस तरह की सोच उन सोलह घंटे के समय में उसकी दिलचस्पी को समाप्त कर देते हैं, जिसका नतीजा यह होता है कि अगर वह उन्हें बरबाद नहीं भी करता है तो उनकी गिनती नहीं करता। वह उन्हें केवल खाली समय के तौर पर देखता है।

इस तरह की सामान्य सोच निहायत बेतुकी और गलत है, क्योंकि यह इससे कुछ घंटों के समय और उस दौरान किए जानेवाले काम को सबसे ज्यादा महत्त्व मिल जाता है, जिन्हें 'किसी तरह निपटाना' ही उस व्यक्ति का इरादा होता है और वह उन्हें

निपटा डालता है। अगर कोई व्यक्ति अपनी दो-तिहाई जिंदगी को एक-तिहाई का गुलाम बना दे, जिनके प्रति वह स्वयं स्वीकार करता है कि उसके दिल में जबरदस्त जोश नहीं होता तो फिर वह जी भरकर और पूरी तरह जीने की उम्मीद कैसे कर सकता है? वह ऐसा कर ही नहीं सकता।

मैं जिस व्यक्ति की बात कर रहा हूँ, वह अगर जी भरकर और पूरी तरह जीना चाहता है तो फिर उसे अपने दिमाग में एक दिन के भीतर ही उस एक दिन का बंदोबस्त करना होगा। जैसे बड़े डिब्बे के अंदर छोटा डिब्बा होता है, उसी तरह उसे अपने अंदरूनी दिन की शुरुआत शाम 6 बजे करनी चाहिए और सुबह 10 बजे उसे समाप्त कर देना चाहिए। यह सोलह घंटे का एक दिन होगा तथा इन सोलह घंटे के दौरान उसे कुछ और नहीं करना; बस, अपने शरीर, अपनी आत्मा और अपने साथी मनुष्यों का खयाल रखना है। इन सोलह घंटों के दौरान वह स्वच्छंद है। वह दिहाड़ी कमानेवाला नहीं होता। उसे पैसे कमाने की चिंता नहीं

मैं जिस व्यक्ति की बात कर रहा हूँ, वह अगर जी भरकर और पूरी तरह जीना चाहता है तो फिर उसे अपने दिमाग में एक दिन के भीतर ही उस एक दिन का बंदोबस्त करना होगा। जैसे बड़े डिब्बे के अंदर छोटा डिब्बा होता है, उसी तरह उसे अपने अंदरूनी दिन की शुरुआत शाम 6 बजे करनी चाहिए और सुबह 10 बजे उसे समाप्त कर देना चाहिए।

होती। वह किसी ऐसे आदमी की तरह होता है, जिसके पास अपनी ही कमाई का जरिया होता है। उसकी सोच एकदम ऐसी ही होनी चाहिए और उसकी सोच ही सबकुछ होती है। जीवन में उसकी सफलता (जो उस जागीर से ज्यादा महत्त्व रखती है, जिसका इस्तेमाल करनेवालों को संपदा-शुल्क अदा करना पड़ता है) इसी पर निर्भर करती है।

> ***क्या कहा आपने? आप कह रहे हैं कि अगर आपने उन सोलह घंटों को पूरी ऊर्जा दे दी तो काम के उन आठ घंटों की अनदेखी हो जाएगी? ऐसा नहीं होगा। इसके बजाय काम के उन आठ घंटों का महत्त्व और बढ़ जाएगा।***

क्या कहा आपने? आप कह रहे हैं कि अगर आपने उन सोलह घंटों को पूरी ऊर्जा दे दी तो काम के उन आठ घंटों की अनदेखी हो जाएगी? ऐसा नहीं होगा। इसके बजाय काम के उन आठ घंटों का महत्त्व और बढ़ जाएगा। मैं जिस व्यक्ति की बात कर रहा हूँ, उसे एक बड़ी सीख यह लेनी है कि दिमाग लगातार कड़ी मेहनत करने में सक्षम होता है। वह हाथ या पैर की तरह थकता नहीं है। नींद के सिवाय उसे आराम नहीं चाहिए, केवल बदलाव चाहिए होता है।

अब मैं अपने व्यक्ति विशेष की ओर से उन सोलह घंटों के इस्तेमाल पर नजर डालूँगा, जो पूरी तरह से उसके हैं और जहाँ से

उसकी क्रांति शुरू होती है। मैं बस, उन चीजों का संकेत दूँगा, जो वह करता है और मुझे लगता है कि उसे नहीं करना चाहिए। लेकिन अपने सुझाव मैं 'पौधे रोपने' के समय तक के लिए स्थगित रखूँगा; वैसे ही, जैसे खेती करनेवाला किसी जंगल को पहले साफ करता है।

उसके साथ न्याय करते हुए मैं इतना जरूर कहूँगा कि सुबह 9.10 बजे जब वह घर से निकलता है, तब उससे पहले ज्यादा समय बरबाद नहीं करता। अपने जैसे कई लोगों की तरह ही वह सुबह 9 बजे सोकर उठता है, 9 बजकर 7 मिनट से 9 बजकर साढ़े 9 मिनट के बीच नाश्ता करता है और फिर दरवाजे पर ताला लगाता है।

उसके साथ न्याय करते हुए मैं इतना जरूर कहूँगा कि सुबह 9.10 बजे जब वह घर से निकलता है, तब उससे पहले ज्यादा समय बरबाद नहीं करता। अपने जैसे कई लोगों की तरह ही वह सुबह 9 बजे सोकर उठता है, 9 बजकर 7 मिनट से 9 बजकर साढ़े 9 मिनट के बीच नाश्ता करता है और फिर दरवाजे पर ताला लगाता है। लेकिन जैसे ही वह सामने के दरवाजे को बंद करता है, उसका दिमाग, जो कभी थकता नहीं, वह उस समय के बाद से ही सुस्त पड़ जाता है। वह स्टेशन की तरफ ऐसे चलता है, मानो उसका दिमाग कोमा में चला गया हो। वहाँ पहुँचने पर उसे ट्रेन का इंतजार करना पड़ता है। सैकड़ों उपनगरीय स्टेशनों पर

हर सुबह आपको प्लेटफॉर्म पर लोग इधर से उधर चुपचाप टहलते दिख जाएँगे; जबकि रेलवे कंपनियाँ बेशर्मी से उनके कीमती वक्त पर डाका डालती रहती हैं, जो पैसे से भी बढ़कर होता है। महज इस वजह से हर दिन हजारों घंटे ऐसे ही बरबाद होते हैं, क्योंकि मेरा व्यक्ति विशेष समय के बारे में कभी सोचता ही नहीं, ताकि वह उसकी बरबादी को रोकने का कुछ आसान-सा उपाय कर सके।

हर दिन उसके पास खर्च करने के लिए समय का एक ठोस सिक्का होता है, जिससे बड़ा कुछ और होता नहीं। उसे इसे खुल्ला कराना पड़ता है और खुल्ला कराने के दौरान भारी नुकसान सहकर भी वह संतुष्ट रहता है।

हर दिन उसके पास खर्च करने के लिए समय का एक ठोस सिक्का होता है, जिससे बड़ा कुछ और होता नहीं। उसे इसे खुल्ला कराना पड़ता है और खुल्ला कराने के दौरान भारी नुकसान सहकर भी वह संतुष्ट रहता है।

मान लीजिए कि टिकट बेचते समय कंपनी उससे कहती है, "हम आपके सिक्के का खुल्ला कर देंगे, लेकिन उसके बदले आपको तीन अठन्नी देनी पड़ेंगी।" यह सुनकर मेरा व्यक्ति विशेष क्या कह सकता है? लेकिन सच यही है कि दिन में दो बार पाँच-पाँच मिनट का जो समय कंपनी छीनती है, उसकी कीमत उसके बराबर होती है।

आप कहेंगे कि मैं तो बाल की खाल निकाल रहा हूँ। हाँ, निकाल रहा हूँ और आगे मैं अपने आप को सही साबित कर दूँगा।

अब आप कृपा करके अपना टिकट खरीदेंगे और इस ट्रेन पर सवार होंगे?

□

5

टेनिस और वह अमर आत्मा

आप सुबह की ट्रेन में अपने अखबार को लेकर सवार होते हैं और अपने आप को शांति एवं बड़े शान से अपने अखबार के हवाले कर देते हैं। आपको कोई जल्दी नहीं होती। आप जानते हैं कि आपके पास आधे घंटे का सुरक्षित समय है। आपकी अलसाई नजर सामानों के विज्ञापन और बाद के पन्नों के गानों पर जाती है तो आपको देखकर ऐसा लगता है, जैसे आप कितनी फुरसत में हैं। समय की दौलत आपके पास है और आप उस ग्रह से आए हैं, जहाँ दिन में चौबीस नहीं, एक सौ चौबीस घंटे होते हैं। मैं अखबार पढ़ने का शौकीन हूँ। पाँच अंग्रेजी और दो फ्रेंच अखबार पढ़ता हूँ और मेरा अखबारवाला ही बता सकता है कि कितनी साप्ताहिक पत्रिकाएँ मैं नियमित रूप से पढ़ता हूँ। मुझे यह निजी जानकारी साझा करनी पड़ी, नहीं तो मैं जब कहता हूँ कि मुझे सुबह की ट्रेन में अखबार पढ़ने पर आपत्ति है, तो मुझ पर आरोप लगते कि अखबारों के प्रति मेरा रवैया पक्षपातपूर्ण है। अखबार धड़ाधड़ छपते

हैं, ताकि उन्हें धड़ाधड़ पढ़ लिया जाए। मेरे रोजाना के कार्यक्रम में अखबारों की कोई जगह नहीं। मुझे जब थोड़ा सा खाली समय मिलता है तो मैं उन्हें पढ़ लेता हूँ; लेकिन पढ़ता जरूर हूँ। शानदार तन्हाई (क्योंकि शांत, अपने आप में सिमटे, सिगरेट की गंध लिये पुरुषों से भरे कंपार्टमेंट से अच्छी जगह हो नहीं सकती, जहाँ आप अपने आप के भीतर झाँकने के लिए ध्यान लगा सकें) के लगातार 30 या 40 मिनट को उनके हवाले कर देने की सोच मेरे लिए बरदाश्त से बाहर है। मैं आपको समय के इन बेशकीमती जवाहरातों को इतने शाही अंदाज में लुटाने की इजाजत नहीं दे सकता हूँ। आप समय के शाह नहीं हैं। मैं आपको आदरपूर्वक याद दिला दूँ कि आपके पास भी उतना ही समय है, जितना कि मेरे पास। अब से ट्रेन में अखबार पढ़ना बंद। इस तरह, मैंने 45 मिनट का समय इस्तेमाल के लिए 'निकाल' दिया है।

मैं आपको आदरपूर्वक याद दिला दूँ कि आपके पास भी उतना ही समय है, जितना कि मेरे पास। अब से ट्रेन में अखबार पढ़ना बंद। इस तरह, मैंने 45 मिनट का समय इस्तेमाल के लिए 'निकाल' दिया है।

अब आप दफ्तर पहुँच गए हैं। और शाम 6 बजे तक के लिए मैं आपको वहाँ अकेला छोड़ देता हूँ। मैं जानता हूँ कि आपके पास दोपहर में एक घंटे का (असल में, अकसर डेढ़ घंटे का) समय होता है, जिसमें से आधे से भी कम समय खाने पर खर्च होता है।

लेकिन मैं यह आप पर छोड़ता हूँ कि आप उस समय का इस्तेमाल जैसे चाहें, वैसे करें। उस दौरान आप अखबार पढ़ सकते हैं। आप जैसे ही दफ्तर से बाहर निकलेंगे, मैं आपको मिल जाता हूँ। आप कमजोर और थके-माँदे हैं। वैसे भी, आपकी पत्नी कहती है कि आप थके हैं और आप भी चाहते हैं कि वह समझे कि आप थके हुए हैं। घर लौटने की यात्रा के दौरान आप उस थकान के एहसास को और बढ़ाते हैं। लंदन के उपनगरीय इलाकों में थकान का एहसास किसी नेक और उदास बादल की तरह छाया रहता है, खास तौर पर सर्दियों में। घर पहुँचने के तुरंत बाद आप कुछ भी नहीं खाते। लेकिन घंटे भर बाद या उसके आसपास आपको लगता है कि आप बैठ सकते हैं और कुछ खा-पी सकते हैं तथा आप ऐसा ही करते हैं। फिर आप सिगरेट पीते हैं, गंभीर मुद्रा में दोस्तों से मिलते हैं, मस्ती करते हैं, ताश खेलते हैं, किसी पुस्तक के पन्ने पलटते हैं तो आप गौर करते हैं कि बुढ़ापा धीरे-धीरे करीब आ रहा है। आप टहलते हैं, पियानो बजाते हैं।··· हे भगवान्! 11.15 बज गए। फिर आप यह सोचने में 40 मिनट निकाल देते हैं कि अब आपको सो जाना चाहिए और यह

आप कमजोर और थके-माँदे हैं। वैसे भी, आपकी पत्नी कहती है कि आप थके हैं और आप भी चाहते हैं कि वह समझे कि आप थके हुए हैं। घर लौटने की यात्रा के दौरान आप उस थकान के एहसास को और बढ़ाते हैं।

समझा जा सकता है कि आप किसी अच्छी व्हिस्की की जानकारी तो रखते ही होंगे। आखिरकार, आप सोने चले जाते हैं, क्योंकि आप उस दिन के काम से थक चुके होते हैं। आपके दफ्तर छोड़ने के बाद छह घंटे या शायद उससे थोड़ा ज्यादा वक्त निकल चुका है। किसी सपने की तरह, किसी जादू की तरह, बिना हिसाब पुस्तक का छू हो चुका है!

यह बिल्कुल वाजिब व साधारण केस है। लेकिन आप कहते हैं, "आपके लिए ऐसा कहना बड़ा आसान है। आदमी थका होता है। उसके लिए दोस्तों से मिलना जरूरी होता है। वह दिन-रात जूझता नहीं रह सकता।" चलो, मान लिया। लेकिन जब आप थिएटर जाने की (खास तौर पर किसी खूबसूरत महिला के साथ) योजना बनाते हैं, तब क्या होता है? आप भागकर उपनगर तक पहुँचते हैं। अच्छे कपड़ों में शानदार दिखने के लिए आप पूरी मेहनत करते हैं। एक ट्रेन पकड़ते हैं और शहर पहुँच जाते हैं। पाँच नहीं तो चार घंटे तक आप जूझते रहते हैं। आप उसे घर छोड़ते हैं, फिर अपने आप को घर लेकर आते हैं। आप 45 मिनट यह 'सोचने' में नहीं बिताते कि अब आपको सो जाना चाहिए। आप सीधे सोने चले जाते हैं। दोस्तों

यह बिल्कुल वाजिब व साधारण केस है। लेकिन आप कहते हैं, "आपके लिए ऐसा कहना बड़ा आसान है। आदमी थका होता है। उसके लिए दोस्तों से मिलना जरूरी होता है। वह दिन-रात जूझता नहीं रह सकता।"

के साथ थकान को भी भुला दिया जाता है और वह शाम कितनी हसीन व लंबी (या शायद बहुत छोटी) लगती है! आपको वह समय याद है, जब आपको शौकिया ओपेरा सोसाइटी के कोरस में गाने के लिए मनाया गया था और आपने तीन महीने तक हर शाम दो घंटे कड़ी मेहनत की थी? क्या आप इस बात से इनकार कर सकते हैं कि जब आपके पास शाम के समय करने को कोई पक्की चीज होती है, कुछ ऐसा, जहाँ आप पूरी ताकत लगाते हैं तो उसका खयाल आते ही आपका चेहरा खिल उठता है और पूरे दिन में आप सबसे अधिक जोश व ऊर्जा का एहसास करते हैं?

> ***मेरे कहने का अर्थ है कि शाम 6 बजे आप इस बात को स्वीकार करते हैं कि आप थके नहीं हैं (आप भी जानते हैं कि आप थके नहीं होते) और अपनी शाम को आप ऐसे आगे बढ़ाते हैं कि आपको बीच में खाने की भी जरूरत न हो।***

मेरे कहने का अर्थ है कि शाम 6 बजे आप इस बात को स्वीकार करते हैं कि आप थके नहीं हैं (आप भी जानते हैं कि आप थके नहीं होते) और अपनी शाम को आप ऐसे आगे बढ़ाते हैं कि आपको बीच में खाने की भी जरूरत न हो। ऐसा करने से आपके पास कम-से-कम तीन घंटे का पूरा-पूरा समय होगा। मैं यह नहीं कहता कि आप जीवन भर हर शाम तीन घंटे का समय अपनी मानसिक ताकत को खर्च करने में लगाएँ। लेकिन मैं इतना कहूँगा कि शुरुआत करने के लिए

ही सही, पर हर दूसरी शाम डेढ़ घंटे का समय किसी जरूरी काम में और लगातार अपने दिमाग को बेहतर बनाने में लगाएँ। इसके बाद भी आपके पास तीन शाम अपने दोस्तों—ताश, टेनिस, घर के काम, कुछ पढ़ने, सिगरेट पीने, बागबानी करने, मस्ती करने और प्राइज वाली प्रतियोगिताओं में हिस्सा लेने के लिए बची रहेगी। इसके अलावा, शनिवार दोपहर 2 बजे से सोमवार सुबह 10 बजे के बीच आपके पास पैंतालीस घंटे की शानदार दौलत भी होगी। मुश्किलों के बाद भी अगर आपने ऐसा करना जारी रखा तो जल्दी ही आप चार या पाँच शामों को किसी अच्छे काम को करते हुए सही मायने में जिंदगी जीने पर खर्च करना चाहेंगे। और उस आदत को भी छोड़ देंगे, जब आप रात के 11.15 बजे स्वयं से कहते हैं, 'सोचता हूँ, अब जाकर सो जाऊँ।' वह आदमी, जो बिस्तर पर जाने की तैयारी अपने बेडरूम का दरवाजा खोलने के 40 मिनट पहले करने लगता है, वह ऊब चुका होता है। कहने का अर्थ है कि वह जिंदगी को नहीं जी रहा होता है।

> ***मुश्किलों के बाद भी अगर आपने ऐसा करना जारी रखा तो जल्दी ही आप चार या पाँच शामों को किसी अच्छे काम को करते हुए सही मायने में जिंदगी जीने पर खर्च करना चाहेंगे।***

लेकिन याद रहे कि शुरुआत में हफ्ते के तीन दिन—रात के वे 90 मिनट 10,080 मिनटों में सबसे अहम होने चाहिए। वे उतने ही

अच्छे होने चाहिए, जितने अच्छे मन से आप किसी ड्रामे का अभ्यास करते हैं या टेनिस का मैच खेलते हैं। यह कहने के बजाय "सॉरी अंकल, मैं अभी आपसे बात नहीं कर सकता, मुझे टेनिस क्लब पहुँचना है," आपको कहना चाहिए, "लेकिन मुझे काम करना है।" हालाँकि, मैं स्वीकार करता हूँ कि ऐसा कहना बेहद मुश्किल होता है। टेनिस इस अमर आत्मा से कहीं ज्यादा जरूरी है।

□

6

इनसान के स्वभाव को याद रखें

प्रसंग के कारण मैंने शनिवार दोपहर 2 बजे काम से छूटने के बाद और सोमवार को सुबह 10 बजे काम पर लौटने के बीच के चौवालीस घंटे के लंबे समय का जिक्र कर दिया है और अब मुझे उस पहलू की चर्चा करनी होगी कि हफ्ते में छह दिन काम करना चाहिए या सात दिन! सच कहूँ तो कई साल तक, जब तक कि मैं चालीस के करीब नहीं पहुँच गया, मैं हफ्ते के सातों दिन काम करता था। अकसर जो मुझसे उम्र में बड़े और जानकार लोग थे, वे कहते थे कि सात के बजाय छह दिन में लोग ज्यादा काम भी कर पाते हैं और सही मायने में जिंदगी भी जी लेते हैं।

और यह बिल्कुल सच है कि अब सात दिनों में एक दिन ऐसा होता है, जब मैं कोई काम नहीं करता, न ही कोई प्रयास करता हूँ, सिवाय इसके कि अचानक कुछ करने की जरूरत पड़ जाए। मैं सप्ताह में एक दिन के आराम के नैतिक महत्त्व को अच्छी तरह समझता हूँ। इसके बावजूद, अगर मुझे अपने जीवन को फिर से

व्यवस्थित करना हो तो मैं वही करूँगा, जो मैंने किया है। केवल वही लोग बार-बार पैदा होनेवाले आलस्य की पूरी खूबसूरती को समझ सकते हैं, जिन्होंने हफ्ते में सातों दिन पूरी मेहनत की है। वैसे भी, अब मैं उम्र की ढलान पर हूँ और यह बात उम्र की है। अगर बात जोश और ऊर्जा से भरे युवाओं की होती है तो मैं बेहिचक कहता हूँ, "लगे रहो, दिन-रात मेहनत करो!"

लेकिन औसत मामले में मैं कहूँगा कि अपने औपचारिक कार्यक्रम (मेरा मतलब है, सुपर प्रोग्राम) को हफ्ते में छह दिन तक सीमित रखें। अगर आप उसे बढ़ाना चाहते हैं तो बढ़ा लीजिए, लेकिन उतना ही जितना आप चाहते हैं और अतिरिक्त समय को नियमित आय नहीं, बल्कि भारी कमाई मानें, ताकि आप छह दिन के कार्यक्रम में लौटें तो ऐसा महसूस न करें कि आप गरीब हो गए या फिर से घाटे की स्थिति में पहुँच गए।

अगर आप उसे बढ़ाना चाहते हैं तो बढ़ा लीजिए, लेकिन उतना ही जितना आप चाहते हैं और अतिरिक्त समय को नियमित आय नहीं, बल्कि भारी कमाई मानें, ताकि आप छह दिन के कार्यक्रम में लौटें तो ऐसा महसूस न करें कि आप गरीब हो गए या फिर से घाटे की स्थिति में पहुँच गए।

चलिए, अब देखते हैं कि हमारी स्थिति क्या है? अब तक

हमने दिन में बरबाद होनेवाले समय को बचत के लिए तय किया है, सुबह में छह दिन आधे-आधे घंटे का समय और हफ्ते की तीन शामों में डेढ़-डेढ़ घंटे। कुल मिलाकर, एक हफ्ते में साढ़े सात घंटे।

फिलहाल, मैं कहूँगा कि इस साढ़े सात घंटे से ही संतुष्ट रहना चाहिए। क्यों? आप चिल्लाते हैं, "आप दावा तो कर रहे थे कि हमें जीना सिखाएँगे और अब एक सौ अड़सठ घंटे में से आप केवल साढ़े सात घंटे की बात कर रहे हैं! अपने इन साढ़े सात घंटे से आप कोई चमत्कार करने वाले हैं क्या?"

> ***आप दावा तो कर रहे थे कि हमें जीना सिखाएँगे और अब एक सौ अड़सठ घंटे में से आप केवल साढ़े सात घंटे की बात कर रहे हैं! अपने इन साढ़े सात घंटे से आप कोई चमत्कार करने वाले हैं क्या?***

"हाँ।" बिना लाग-लपेट के कह देता हूँ कि मैं चमत्कार करने वाला हूँ, बशर्ते आप मुझे ऐसा करने देंगे! मतलब यह है कि मैं आपसे कहूँगा कि कुछ ऐसा अनुभव कीजिए, जो बिल्कुल स्वाभाविक एवं समझ आने लायक है और जिसमें सबकुछ किसी चमत्कार के जैसा है। मेरा कहना यह है कि उन साढ़े सात घंटों का इस्तेमाल उस हफ्ते के पूरे जीवन को रोमांचक बना देगा, उसमें उत्साह भर देगा और आपकी दिलचस्पी उन कामों में भी बढ़ा देगा, जिन्हें आप सबसे उबाऊ मानते हैं। सुबह-शाम मात्र दस मिनट तक

आप कसरत करते हैं। इसके बाद भी जब दिन में हर घंटे आपकी शारीरिक क्षमता व शक्ति बेहतर होती है और आपका पूरा शारीरिक ढाँचा बदल जाता है, तब भी आपको आश्चर्य नहीं होता। तो फिर औसत रूप से जब हर दिन आपके दिमाग को एक घंटे का समय दिया जाएगा, जिससे दिमाग के सारे काम स्थायी और पूरी तरह से दिलचस्प हो जाएँगे। तब आप कैसे आश्चर्य करेंगे?

निश्चित रूप से, अपने विकास के लिए किसी को भी अधिक समय देना चाहिए और जब दिया जानेवाला समय तुलनात्मक रूप से अधिक होगा तो नतीजे भी बेहतर होंगे। लेकिन मैं ऐसी शुरुआत करना पसंद करता हूँ, जिसमें बेहद मामूली प्रयास नजर आए। सही मायने में, यह मामूली प्रयास नहीं होता, जैसा कि उन लोगों को पता चलेगा, जिन्होंने अब तक प्रयास नहीं किया है। जंगल में से साढ़े सात घंटे को 'साफ' करना भी काफी मुश्किल होता है। कारण यह है कि कुछ त्याग करने पड़ते हैं। किसी ने अपना समय बुरी तरह खर्च किया होगा, लेकिन उसने उसे खर्च तो किया है। किसी ने उस दौरान कुछ तो किया होगा, भले

निश्चित रूप से, अपने विकास के लिए किसी को भी अधिक समय देना चाहिए और जब दिया जानेवाला समय तुलनात्मक रूप से अधिक होगा तो नतीजे भी बेहतर होंगे। लेकिन मैं ऐसी शुरुआत करना पसंद करता हूँ, जिसमें बेहद मामूली प्रयास नजर आए।

ही वह कुछ भी कितना ही बेवकूफी भरा क्यों न हो! कुछ और करने का मतलब है—आदत को बदलना।

और आदतों को बदलना ही तो मुश्किल होता है। यही नहीं, किसी भी बदलाव के साथ, भले ही वह अच्छे के लिए ही क्यों न हो, हमेशा कोई-न-कोई नुकसान होता है और मुश्किल भी आती है। अगर आप सोचते हैं कि आप हफ्ते में साढ़े सात घंटे का समय किसी गंभीर, लगातार किए जानेवाले प्रयास में लगाएँगे और उसके बावजूद पुराने जीवन को जीते रहेंगे तो आप गलत सोच रहे हैं। मैं फिर से बता देता हूँ कि इसके लिए कुछ त्याग और बहुत दृढ़ इच्छा-शक्ति की जरूरत पड़ेगी। चूँकि मैं उस कठिनाई को जानता हूँ, मैं जानता हूँ कि ऐसे किसी प्रयास में विफलता का लगभग विनाशकारी प्रभाव होता है, इस वजह से मेरी आपको गंभीर सलाह है कि शुरुआत बिल्कुल सामान्य ढंग से करें। आपको अपने आत्मसम्मान को सुरक्षित रखना होगा। आत्मसम्मान सभी प्रकार के इरादों की बुनियाद होता है और जब किसी काम की योजना सोच-समझकर बनाई जाती है तथा उसमें विफलता मिलती है तो किसी के भी आत्मसम्मान को एक गहरी चोट लगती है। इसलिए, मैं कहता हूँ और फिर से कहता हूँ

और आदतों को बदलना ही तो मुश्किल होता है। यही नहीं, किसी भी बदलाव के साथ, भले ही वह अच्छे के लिए ही क्यों न हो, हमेशा कोई-न-कोई नुकसान होता है और मुश्किल भी आती है।

कि शांति और दिखावे के बगैर शुरुआत कीजिए।

जब आप अपने जोश को बढ़ाने के लिए पूरी जिम्मेदारी के साथ तीन महीने तक साढ़े सात घंटे का समय लगाएँगे तो आप ऊँचे सुर में गाने लग जाएँगे या यों कहें कि आप कमाल की चीजें कर सकते हैं।

इससे पहले कि आपको बताए गए घंटों के इस्तेमाल का तरीका बताऊँ, मैं आपको एक आखिरी सुझाव देना चाहूँगा। जहाँ तक शामों की बात है तो डेढ़ घंटे के काम के लिए डेढ़ घंटे से अधिक का समय दीजिए। याद रखिए कि कभी भी कुछ हो सकता है। इनसान के स्वभाव को याद रखिए और अपने आप को 90 मिनट के काम के लिए, मैं कहूँगा कि 9 बजे से 11.30 बजे तक का समय दीजिए।

□

7

मन को वश में करना

लोग कहते हैं, "आप अपनी सोच को वश में नहीं कर सकते।" लेकिन ऐसा किया जा सकता है। सोचनेवाली मशीन को काबू में करना बिल्कुल संभव है और चूँकि हमारे साथ जो कुछ होता है, वह मन की बात होती है; चूँकि हमें जिस बात से ठेस पहुँचती है और जिससे खुशी मिलती है, वह भी मन की ही बात होती है, इसलिए यह स्पष्ट है कि उस रहस्यमयी मन में जो कुछ होता है, उस पर काबू पाना ही सबसे अधिक महत्त्व रखता है। यह सबसे पुराने विचारों में से एक है। लेकिन यह विचार ऐसा है, जिसके गहन सत्य एवं महत्त्व को समझे बिना ही अधिकांश लोग जीते और मर जाते हैं। लोग शिकायत करते हैं कि उनमें एकाग्रता की शक्ति नहीं, जबकि यह नहीं सोचते कि अगर वे चाहें तो उस शक्ति को प्राप्त कर सकते हैं।

और एकाग्रता की शक्ति के बिना—यानी मन को क्या काम करना है, इसका निर्देश देने और उनका पालन कराने की शक्ति के

बिना—सही अर्थों में जीना असंभव है। पूरी तरह जीने के लिए मन को वश में करना पहली जरूरत है।

इसलिए, मुझे लगता है कि दिन में सबसे पहला काम मन को वश में करना है। आप अपने शरीर की अंदर से लेकर बाहर तक देखभाल करते हैं। आप अपनी त्वचा पर उगे बालों को काटने का गंभीर खतरा मोल लेते हैं, अपने पेट को शांत रखने के लिए दूधवाले से लेकर मीटवाले तक को पैसे देते हैं; पर मन की उस अधिक नाजुक मशीनरी पर थोड़ा ध्यान क्यों नहीं देते, जबकि उसके रहते आपको बाहर से किसी की मदद लेने की जरूरत नहीं पड़ेगी? जीने की कला-शिल्प के इस हिस्से के लिए ही मैंने उस समय को सुरक्षित रखा है, जब आप अपने घर के दरवाजे से निकलते हैं और अपने दफ्तर पहुँचते हैं।

> ***आप अपनी त्वचा पर उगे बालों को काटने का गंभीर खतरा मोल लेते हैं, अपने पेट को शांत रखने के लिए दूधवाले से लेकर मीटवाले तक को पैसे देते हैं; पर मन की उस अधिक नाजुक मशीनरी पर थोड़ा ध्यान क्यों नहीं देते, जबकि उसके रहते आपको बाहर से किसी की मदद लेने की जरूरत नहीं पड़ेगी?***

"क्या मैं अपने मन की देखभाल राह चलते प्लेटफॉर्म पर, ट्रेन में और फिर से भीड़भाड़ वाली सड़क पर करूँगा?" बिल्कुल,

इससे आसान और कुछ नहीं; किसी साधन की जरूरत नहीं होगी और किसी पुस्तक की भी नहीं। इसके बावजूद यह काम उतना भी आसान नहीं।

जब आप अपने घर से निकलते हैं, तब अपने मन को किसी एक विषय पर (चाहे वह कुछ भी हो, शुरुआत करने के लिए) स्थिर करें। अभी आप दस गज भी नहीं गए होंगे कि आपका मन आपकी आँखों के सामने खिसक लेता है और किसी दूसरे विषय के साथ पास ही में व्यस्त हो जाता है।

उसे कॉलर पकड़कर वापस लाइए। स्टेशन पहुँचने तक आपको उसे करीब चालीस बार पकड़कर वापस लाना होगा। निराश न हों, इसे करते रहें! हौसला रखें, आप सफल होंगे। अगर आप लगे रहेंगे तो असफल नहीं हो सकते।

उसे कॉलर पकड़कर वापस लाइए। स्टेशन पहुँचने तक आपको उसे करीब चालीस बार पकड़कर वापस लाना होगा। निराश न हों, इसे करते रहें! हौसला रखें, आप सफल होंगे। अगर आप लगे रहेंगे तो असफल नहीं हो सकते। यह कहना कि आपका मन स्थिर नहीं हो सकता, मात्र जिम्मेदारी से भागना है। आपको याद नहीं, उस दिन सुबह के समय जब आपको परेशान कर देनेवाली चिट्ठी मिली थी, जिसका जवाब आपको सधे हुए शब्दों में देना था, तब कैसे आपने अपने

मन को उसका जवाब देने के लिए स्थिर किया था और एक सेकंड के लिए भी आपने उसको भटकने नहीं दिया था। फिर आप जैसे ही दफ्तर पहुँचे, आप बैठे और उसका जवाब लिख दिया। यह ऐसा मामला था, जब परिस्थितियों ने आपके भीतर इतनी ऊर्जा पैदा कर दी थी कि आप अपने मन पर किसी तानाशाह की तरह हावी हो गए थे। आप कोई भी फिजूल की बात नहीं सोचेंगे। आप अड़े थे कि यह काम होना चाहिए और वह काम हो गया था।

एकाग्रता के नियमित अभ्यास से (जिसका कोई गुप्त मंत्र नहीं, बस एक ही रहस्य है कि आप जुटे रहें) आप अपने मन को दिन के हर घंटे सख्त अनुशासन में रखेंगे (जो आपका सर्वश्रेष्ठ पहलू नहीं है), चाहे आप किसी भी स्थान पर क्यों न हों। यह काम बड़ी आसानी से किया जा सकता है। अगर सुबह की ट्रेन में आप अपनी मांसपेशियों को मजबूत बनाने के लिए दो डंबल लेकर चढ़ते हैं या अपने ज्ञान के लिए दस भागोंवाली इनसाइक्लोपीडिया लेकर चढ़ते हैं तो शायद कोई कुछ कह दे। लेकिन जब आप सड़क पर चलते हुए या कंपार्टमेंट के कोने में किसी पाइप के पीछे बैठे हैं या कहीं छिपकर खड़े-खड़े सफर कर

अगर सुबह की ट्रेन में आप अपनी मांसपेशियों को मजबूत बनाने के लिए दो डंबल लेकर चढ़ते हैं या अपने ज्ञान के लिए दस भागोंवाली इनसाइक्लोपीडिया लेकर चढ़ते हैं तो शायद कोई कुछ कह दे।

रहे हैं तो किसे पता चलेगा कि आप दिन का सबसे जरूरी काम कर रहे हैं? कौन गँवार–महामूर्ख आप पर हँसेगा!

मुझे इससे फर्क नहीं पड़ता कि आप किस चीज पर ध्यान लगा रहे हैं, जब तक कि आप ध्यान लगा रहे हैं। जरूरी यह है कि सोचने की मशीन को अनुशासित किया जाए। लेकिन आप किसी उपयोगी चीज पर ध्यान स्थिर करेंगे तो शायद एक तीर से दो शिकार कर सकते हैं। मेरा सुझाव है और मात्र एक सुझाव है कि आप मार्कस ऑरेलियस या एपिक्टेटस का कोई छोटा अध्याय पढ़ें।

मुझे इससे फर्क नहीं पड़ता कि आप किस चीज पर ध्यान लगा रहे हैं, जब तक कि आप ध्यान लगा रहे हैं। जरूरी यह है कि सोचने की मशीन को अनुशासित किया जाए। लेकिन आप किसी उपयोगी चीज पर ध्यान स्थिर करेंगे तो शायद एक तीर से दो शिकार कर सकते हैं।

मेरी विनती है कि उनके नाम सुनकर भागिए मत। जहाँ तक मेरी बात है, तो मैं मानता हूँ कि मार्कस ऑरेलियस या एपिक्टेटस ने जो कुछ कहा था, उससे अधिक वास्तविक, सरल, सूझ–बूझ से भरपूर, आपके और मेरे (जो दिखावा, ढोंग एवं बकवास से नफरत करता है) जैसे सामान्य लोगों के जीवन पर लागू करनेवाली बात हो नहीं सकती। शाम को उनका एक अध्याय पढ़िए। उनके अध्याय

भी कितने छोटे हैं! अगली सुबह आप उन पर अपना ध्यान स्थिर कीजिए, आप खुद समझ जाएँगे।

हाँ, मेरे साथियो, सच को छिपाने का आपको कोई लाभ नहीं होगा। आपके मन की बात मुझे ऐसे सुनाई दे रही है, जैसे अपने कान से मैं टेलीफोन की आवाज सुनता हूँ। आप खुद से कह रहे हैं कि "अपने सातवें अध्याय तक तो यह व्यक्ति ढंग की बात कर रहा है। अब मुझे इसमें थोड़ा आनंद आने लगा है। लेकिन ट्रेनों में, जो यह सोचने की बात कहता है और मन को स्थिर करने की बात करता है, वह मेरे वश की बात नहीं है। कुछ लोगों के लिए यह ठीक हो सकता है, लेकिन यह मेरे लिए नहीं है।"

अपने सातवें अध्याय तक तो यह व्यक्ति ढंग की बात कर रहा है। अब मुझे इसमें थोड़ा आनंद आने लगा है। लेकिन ट्रेनों में, जो यह सोचने की बात कहता है और मन को स्थिर करने की बात करता है, वह मेरे वश की बात नहीं है।

यह आपके लिए है। मैं बड़े प्यार से कह रहा हूँ कि यह आपके लिए है। बेशक, आप ही वे व्यक्ति हैं, जिसके लिए मैं यह सब कह रहा हूँ।

आप चाहें तो इस सुझाव को खारिज कर दें, लेकिन आप अब तक के सबसे कीमती सुझाव को खारिज करेंगे। यह मेरा सुझाव नहीं है। यह इस दुनिया के अब तक के सबसे समझदार, व्यावहारिक,

वास्तविकता को समझनेवाले लोगों की सीख है। मैं तो बस, उनकी सीख को आप तक पहुँचा रहा हूँ। इसे आजमाइए, अपने मन को वश में कीजिए और फिर देखिए, कैसे इससे आपके जीवन की आधी बुराइयाँ, खास तौर पर चिंता, दूर हो जाएगी। चिंता, जो बहुत बुरी, बेकार और शर्मनाक बीमारी है।

□

8

चिंतनशील मनोदशा

मन को एकाग्र करने का अभ्यास (जिस पर दिन में कम-से-कम आधा घंटा देना चाहिए) पियानो के स्केल को समझने की तरह ही एक शुरुआत है। अपने जटिल शरीर के सबसे मनमाने सदस्य पर सिद्धि प्राप्त कर लेने के बाद स्वाभाविक है कि अब उससे काम लेने का समय आ गया है। आज्ञाकारी मन रखना बेकार है, अगर कोई उसके आज्ञाकारी होने का लाभ अधिक-से-अधिक न उठा सके। इस विषय पर लंबे समय तक प्राथमिक पाठ्यक्रम के अध्ययन का सुझाव दिया जाता है।

यह पाठ्यक्रम कैसा होना चाहिए, इस पर कोई प्रश्न नहीं हो सकता। आज तक कभी कोई प्रश्न नहीं किया गया है। सभी उम्र के समझदार लोग इस पर सहमत हैं। यह न तो साहित्य है, न ही कला, न इतिहास, न ही कोई विज्ञान। यह स्वयं अपना अध्ययन है। इनसान, तुम खुद को जानो! इन शब्दों का इस्तेमाल इतनी बार किया गया है कि खुद मुझे ही उन्हें लिखने में शर्म आ रही है। फिर भी, उन्हें

लिखना पड़ा, क्योंकि उन्हें लिखना जरूरी है। (शर्मसार होकर मैं अपनी शर्म को वापस लेता हूँ।) यह एक ऐसी बात है, जिससे सभी परिचित हैं, जिसके महत्त्व को सभी स्वीकार करते हैं और जिसका व्यवहार केवल सबसे तीक्ष्ण बुद्धिवाले लोग ही करते हैं। मैं नहीं बता सकता कि ऐसा क्यों होता है। मैं इस बात से पूरी तरह सहमत हूँ कि नेक इरादेवाले सामान्य इनसान के जीवन में जिस चीज की सबसे ज्यादा कमी है, वह है चिंतनशील मनोदशा की।

> ***हम चिंतन नहीं करते। मेरा मतलब है कि जो वास्तव में जरूरी चीजें हैं, उन पर हम चिंतन नहीं करते—उन बातों पर, जिनके कारण से हम खुश नहीं रह पाते; उस मुख्य दिशा पर, जिसमें हम जा रहे हैं।***

हम चिंतन नहीं करते। मेरा मतलब है कि जो वास्तव में जरूरी चीजें हैं, उन पर हम चिंतन नहीं करते—उन बातों पर, जिनके कारण से हम खुश नहीं रह पाते; उस मुख्य दिशा पर, जिसमें हम जा रहे हैं। इस पर भी जीवन से हमें क्या मिल रहा है, उस सोच पर (या सोचते ही नहीं), जिसके कारण हम कई तरह के काम करते हैं। और इस पर कि हमारे सिद्धांतों एवं व्यवहार के बीच कोई संबंध है या नहीं?

इसके बावजूद आप खुशी ढूँढ़ रहे हैं। ढूँढ़ रहे हैं न? आपको खुशी मिल गई?

इस बात के आसार नहीं कि आपको खुशी मिली है। इस बात

की आशंका ज्यादा है कि आपने मान लिया है कि खुशी हासिल नहीं की जा सकती। लेकिन लोगों ने इसे हासिल किया है और इस बात को समझने के बाद हासिल किया है कि खुशी भौतिक या मानसिक सुख इकट्ठा करने से नहीं मिलती, बल्कि सोच-समझ को विकसित करने तथा सिद्धांतों के अनुसार व्यवहार को व्यवस्थित करने से मिलती है।

मुझे लगता है कि आप इससे इनकार करने का जोखिम नहीं उठाएँगे और अगर आप इस बात को स्वीकार करते हैं, फिर भी अपने जीवन में अपनी सोच, अपने सिद्धांतों एवं व्यवहार को लेकर गहराई से किए गए विचार को लागू नहीं करते तथा इसके साथ ही यह भी मानते हैं कि उस चीज को हासिल करने के लिए आप उस एक काम को अकसर नहीं करते, जिसे करना जरूरी है, तो आप ही बताइए कि अब शर्म से गड़ जाने की बारी किसकी है—मेरी या आपकी?

मुझे लगता है कि आप इससे इनकार करने का जोखिम नहीं उठाएँगे और अगर आप इस बात को स्वीकार करते हैं, फिर भी अपने जीवन में अपनी सोच, अपने सिद्धांतों एवं व्यवहार को लेकर गहराई से किए गए विचार को लागू नहीं करते"

इस बात से मत डरिए कि मैं आप पर कुछ सिद्धांतों को थोपना चाहता हूँ। मेरा (यहाँ) इससे कोई लेना-देना नहीं कि आपके

सिद्धांत क्या हैं! हो सकता है कि आपके सिद्धांत आपको यह यकीन दिलाते हों कि चोरी करना बिल्कुल सही काम है। इसमें मुझे कोई आपत्ति नहीं। मैं बस, इतना कह रहा हूँ कि ऐसी जिंदगी, जिसमें सिद्धांतों एवं व्यवहार के बीच कोई मेल न हो, उस जिंदगी का कोई मतलब नहीं। और सिद्धांतों के साथ व्यवहार का मेल केवल हर दिन सोच-विचार करने, चिंतन करने तथा संकल्प लेने से ही हो सकता है। चोर हमेशा इस वजह से दु:खी रहते हैं, क्योंकि उनके सिद्धांत चोरी के खिलाफ होते हैं। अगर सही मायने में उन्हें लगता कि चोरी करना बहुत अच्छा काम है तो वर्षों की कठोर कैद भी वे खुशी-खुशी काटते। सारे शहीद इस वजह से खुश रहते हैं, क्योंकि उनके व्यवहार और सिद्धांतों में सहमति होती है।

जहाँ तक सोच-विचार की बात है (जिस पर व्यक्ति चलता है और जो सिद्धांत बनाने से भी जुड़ा होता है) तो इसकी भूमिका हम जितना सोचते हैं, उसके मुकाबले हमारे जीवन में काफी छोटी होती है।

जहाँ तक सोच-विचार की बात है (जिस पर व्यक्ति चलता है और जो सिद्धांत बनाने से भी जुड़ा होता है) तो इसकी भूमिका हम जितना सोचते हैं, उसके मुकाबले हमारे जीवन में काफी छोटी होती है। हमें समझदार होना चाहिए, लेकिन हम समझदार होने से कहीं ज्यादा बिना सोचे-समझे ही काम करते हैं; और हम जितना कम सोचेंगे, उतना ही कम समझदार होंगे। अगली बार जब आप

वेटर पर अपनी डिश ज्यादा पक जाने की वजह से गुस्सा करें तो अपनी सोच-समझ से अपने मन के खास कमरे में आने को कहिएगा और फिर उससे बात कीजिएगा। वह आपसे यही कहेगी कि वेटर ने डिश नहीं पकाई तथा उसका डिश को पकाने में कोई रोल नहीं था और अगर उसकी ही गलती थी, तो नाराज होकर आपको कुछ हासिल नहीं होगा। आप बस, अपना मान-सम्मान खो देंगे, समझदार लोगों की नजर में बेवकूफ दिखेंगे और वेटर का मन तो क्षुब्ध कर देंगे, लेकिन इससे डिश अच्छी नहीं हो जाएगी।

समझदारी से इस बातचीत का नतीजा (जिसके बदले वह आपसे पैसे नहीं लेती) यह निकलेगा कि अगर एक बार और डिश ज्यादा पक गई, तब भी आप वेटर से इनसान की तरह ही पेश आइएगा, किसी दयालु व्यक्ति की तरह शांत रहिएगा''

समझदारी से इस बातचीत का नतीजा (जिसके बदले वह आपसे पैसे नहीं लेती) यह निकलेगा कि अगर एक बार और डिश ज्यादा पक गई, तब भी आप वेटर से इनसान की तरह ही पेश आइएगा, किसी दयालु व्यक्ति की तरह शांत रहिएगा और विनम्रता से कहिएगा कि डिश की दूसरी प्लेट ले आए। इससे आपको सही और ठोस फायदा होगा।

सिद्धांतों के बनने या उनमें होनेवाले बदलावों के साथ ही उन्हें

व्यवहार में लाने में छपी हुई पुस्तकों (छह पेंस में एक और उससे ऊपर की कीमत) से काफी मदद मिल सकती है। अपने पिछले अध्याय में मैंने मार्कस ऑरेलियस एवं एपिक्टेटस का जिक्र किया था। कुछ और भी जानी-मानी रचनाएँ दिमाग में आ सकती हैं। मैं पास्कल, ला ब्रुएरे और एमर्सन का नाम ले सकता हूँ। जहाँ तक मेरी बात है, तो जब भी मैं सफर करता हूँ, आप देख सकते हैं कि मार्कस ऑरेलियस मेरे साथ होता है। हाँ, पुस्तकें मूल्यवान् होती हैं। लेकिन पुस्तकें पढ़ने के बजाय हर दिन अपने ऊपर नजर डालते हुए (हो सकता है, आप देखकर घबरा जाएँ) ईमानदारी से यह देखना चाहिए कि आपने हाल ही में क्या किया है और क्या करने वाले हैं।

जहाँ तक मेरी बात है, तो जब भी मैं सफर करता हूँ, आप देख सकते हैं कि मार्कस ऑरेलियस मेरे साथ होता है। हाँ, पुस्तकें मूल्यवान् होती हैं। लेकिन पुस्तकें पढ़ने के बजाय हर दिन अपने ऊपर नजर डालते हुए (हो सकता है, आप देखकर घबरा जाएँ) ईमानदारी से यह देखना चाहिए कि आपने हाल ही में क्या किया है और क्या करने वाले हैं।

इस जरूरी काम को कब पूरा करना चाहिए? मुझे लगता है कि शाम को घर लौटते समय, जब आप अकेले होते हैं, तब इसके लिए सही समय होगा। चिंतन की इस मनोदशा से स्वाभाविक रूप से आपको एहसास होगा कि आपने उस दिन की जिंदगी को जी लिया

है। बेशक, एक आसान और बेहद जरूरी काम के बजाय आपको अखबार पढ़ना पसंद है (जिसे आप डिनर का इंतजार करते हुए भी पढ़ सकते हैं), तो फिर मुझे कुछ नहीं कहना है। लेकिन दिन में किसी-न-किसी समय आपको इस पर विचार करना चाहिए। अब मैं शाम के समय पर आता हूँ।

□

9

कला में अभिरुचि

कई लोग अपनी शाम नियमित रूप से बिना कुछ किए ही बैठे-बैठे यह सोचकर गुजार देते हैं कि साहित्य पढ़ने के सिवाय इस निष्क्रियता का कोई विकल्प ही नहीं है और साहित्य पढ़ना उन्हें अच्छा नहीं लगता। यह बड़ी भारी चूक है।

बेशक, छपी हुई पुस्तकों के बिना किसी भी चीज का अध्ययन सही तरीके से कर पाना असंभव है। लेकिन ब्रिज का खेल हो या नाव चलाना, अगर आप उन्हें अच्छी तरह समझना चाहें तो साहित्य में आपकी रुचि न होने पर भी आप ब्रिज या नाव चलाने पर लिखी गई सबसे अच्छी पुस्तकों को पढ़ने से खुद को नहीं रोक पाएँगे। इस कारण हमें साहित्य और उन पुस्तकों के बीच अंतर को समझना होगा, जो केवल साहित्य के विषय पर नहीं होती हैं। साहित्य पर चर्चा मैं बाद में करूँगा।

अब मैं उन लोगों से कुछ कहना चाहता हूँ, जिन्होंने कभी मेरेडिथ को नहीं पढ़ा और जिन पर इस चर्चा का कोई असर नहीं

होता कि मि. स्टीफन फिलिप्स सच्चे कवि हैं या नहीं। फिर भी, उन्हें ऐसा करने का पूरा अधिकार है। साहित्य से प्रेम न होना कोई अपराध नहीं। यह मूर्खता की निशानी नहीं है। साहित्य के अधिकारी उस बेचारे को तुरंत दंड सुना देंगे, जिसे मान लें कि टेनिसन पर वड्र्सवर्थ के प्रभाव की कोई जानकारी न हो। लेकिन यह मात्र उनके भीतर दूसरों को नीचा दिखाने की प्रवृत्ति होती है। आप सोचिए, अगर उनसे कहा जाए कि वे बताएँ कि शिकोव्स्की को 'पैथेटिक सिंफनी' की रचना की प्रेरणा कैसे मिली, तो उनकी हालत क्या होगी ?

साहित्य के अतिरिक्त भी ऐसे अनेक विषय हैं, जिनका अध्ययन करनेवालों को काफी लाभ मिलेगा। उदाहरण के लिए (चूँकि अभी-अभी मैंने आज के इंग्लैंड के सबसे शानदार और लोकप्रिय संगीत का जिक्र किया है), मुझे याद आता है कि अगस्त में प्रोमेनेड कॉन्सट्‌र्स शुरू होता है।

साहित्य के अतिरिक्त भी ऐसे अनेक विषय हैं, जिनका अध्ययन करनेवालों को काफी लाभ मिलेगा। उदाहरण के लिए (चूँकि अभी-अभी मैंने आज के इंग्लैंड के सबसे शानदार और लोकप्रिय संगीत का जिक्र किया है), मुझे याद आता है कि अगस्त में प्रोमेनेड कॉन्सट्‌र्स शुरू होता है। आप वहाँ जाते हैं, अपना सिगार या सिगरेट पीते हैं (और मुझे यह कहते हुए दु:ख हो रहा है कि 'लोहेंग्रीन' की शुरुआत में ही आप

माचिस जलाते हैं) और संगीत का आनंद लेते हैं। लेकिन आप कहते हैं कि आप पियानो या वायलिन, यहाँ तक कि बैंजो, बजाना भी नहीं जानते और संगीत के विषय में तो कुछ जानते ही नहीं।

इससे क्या फर्क पड़ता है? आपको संगीत का शौक है, यह इस बात से साबित हो जाता है कि संगीत-संचालक इस उद्‌देश्य से कि हॉल आपके और आपके साथियों से भरा रहे, अत: ऐसा कार्यक्रम पेश करता है, जिससे खराब संगीत को पूरी तरह हटा दिया जाता है (जो पुराने कॉवेंट गार्डेन के दिनों से बदली हुई परिस्थिति है)।

भले ही आप पियानो पर 'मैडेंस प्रेयर' को बजा न सकें, लेकिन इससे उस ऑर्केस्ट्रा के विभिन्न वाद्य कलाकारों से जुड़ी जानकारी हासिल करने से आपको कोई रोक नहीं सकता, जिसे आप कुछ महीनों से हर हफ्ते शाम को दो बार सुनते हैं।

भले ही आप पियानो पर 'मैडेंस प्रेयर' को बजा न सकें, लेकिन इससे उस ऑर्केस्ट्रा के विभिन्न वाद्य कलाकारों से जुड़ी जानकारी हासिल करने से आपको कोई रोक नहीं सकता, जिसे आप कुछ महीनों से हर हफ्ते शाम को दो बार सुनते हैं। ऐसी स्थिति में, आपको शायद यह लगता होगा कि ऑर्केस्ट्रा अनेक वाद्य यंत्रों का एक समूह है, जिससे उन सभी की एक मिली-जुली आवाज ऊँचे स्वर में निकलती है। आप उसकी गहराई में नहीं जाते,

क्योंकि आपने कभी उन्हें ध्यान से सुना ही नहीं।

अगर आपसे पूछा जाए कि कौन से वाद्य यंत्र सी माइनर सिंफनी की शुरुआत में शानदार धुन बजाते हैं, तो आप उन्हें बता नहीं पाएँगे। फिर भी, आपको सी माइनर सिंफनी अच्छी लगती है। उसने आपको रोमांचित किया है। वह आपको फिर से रोमांचित करेगी। आपने उस महिला से, आप समझ रहे हैं कि मैं किसकी बात कर रहा हूँ, भावुक होकर उसके बारे में बात की होगी। आप सी माइनर सिंफनी के बारे में इतना ही बता पाएँगे कि उसकी रचना बीथोवेन ने की है और वह 'कमाल की चीज' है।

अगर आपसे पूछा जाए कि कौन से वाद्य यंत्र सी माइनर सिंफनी की शुरुआत में शानदार धुन बजाते हैं, तो आप उन्हें बता नहीं पाएँगे। फिर भी, आपको सी माइनर सिंफनी अच्छी लगती है। उसने आपको रोमांचित किया है। वह आपको फिर से रोमांचित करेगी। आपने उस महिला से, आप समझ रहे हैं कि मैं किसकी बात कर रहा हूँ, भावुक होकर उसके बारे में बात की होगी।

अब आपने अगर मिस्टर क्रेबिएल की लिखी 'हाउ टू लिसेन टू म्यूजिक' को पढ़ा होगा (जिसे किसी भी पुस्तक विक्रेता से अलहम्ब्रा के किसी स्टॉल की कीमत से कम दाम पर खरीदा जा सकता है और जिसमें ऑर्केस्ट्रा

के सभी वाद्यों की तसवीर तथा उन्हें ऑर्केस्ट्रा में किस क्रम में रखा जाता है, उसकी जानकारी है) तो आप अगली बार जब किसी प्रोमेनेड कॉन्सर्ट में जाएँगे तो आपके भीतर उसमें चकित कर देनेवाली गहरी दिलचस्पी होगी। अजीब सी भीड़भाड़ के बजाय वह ऑर्केस्ट्रा आपको ऐसा लगेगा, जैसे शानदर संतुलन वाली चीज है, जिसके विभिन्न समूहों के सदस्यों का एक अलग और बेहद अहम रोल है। आप वाद्य यंत्रों को भी पहचान लेंगे और उन सभी की आवाज को अलग-अलग सुन पाएँगे। आप समझ जाएँगे कि फ्रेंच भोंपू एवं इंग्लिश भोंपू की आवाज में क्या अंतर होता है और यह जान लेंगे कि शहनाई जैसा वाद्य बजानेवाले को वायलिन बजानेवाले से अधिक पैसा क्यों मिलता है, भले ही वायलिन बजाना कहीं अधिक मुश्किल होता है। आप प्रोमेनेड कॉन्सर्ट को जी रहे होंगे, जबकि उससे पहले आप मंत्रमुग्ध स्तब्धता की स्थिति में महज वैसे ही रहते होंगे, जैसे

आप वाद्य यंत्रों को भी पहचान लेंगे और उन सभी की आवाज को अलग-अलग सुन पाएँगे। आप समझ जाएँगे कि फ्रेंच भोंपू एवं इंग्लिश भोंपू की आवाज में क्या अंतर होता है और यह जान लेंगे कि शहनाई जैसा वाद्य बजानेवाले को वायलिन बजानेवाले से अधिक पैसा क्यों मिलता है, भले ही वायलिन बजाना कहीं अधिक मुश्किल होता है।

कोई बच्चा चमकीली चीज को देखता रहता है।

संगीत की सच्ची व व्यवस्थित समझ की नींव पड़ सकती है। आप अपनी जानकारी को किसी विशेष किस्म के संगीत (जैसे सिंफनी) या किसी खास संगीतकार के विषय में बढ़ा सकते हैं। हर हफ्ते शाम को तीन दिन थोड़ा-थोड़ा समय देते हुए साल के अंत में अड़तालीस हफ्ते के बाद, जब आप अपनी बढ़ती हुई जानकारी के अनुसार चुने गए कॉन्सर्ट के कार्यक्रमों और उनमें शामिल होने के अनुभव को प्राप्त कर लेंगे, तब आप सही मायने में संगीत के बारे में कुछ जान चुके हैं, भले ही आप तब भी पियानो पर 'द मैडेंस प्रेयर' को बजा पाने से अब भी कोसों दूर हों।

> ***संगीत की सच्ची व व्यवस्थित समझ की नींव पड़ सकती है। आप अपनी जानकारी को किसी विशेष किस्म के संगीत (जैसे सिंफनी) या किसी खास संगीतकार के विषय में बढ़ा सकते हैं।***

"लेकिन मुझे संगीत से नफरत है!" आप कह देते हैं। महानुभाव, मैं आपका सम्मान करता हूँ।

जो बात संगीत पर लागू होती है, वही अन्य कलाओं पर भी लागू होती है। मैं शुरुआत के लिए मिस्टर क्लेरमोंट विट द्वारा लिखित 'हाउ टू लुक एट पिक्चर्स' या मिस्टर रसेल स्टर्गिस के 'हाउ टू जज आर्किटेक्चर' को पढ़ने की सलाह दूँगा, ताकि आप

अन्य कलाओं के विषय में अपनी जानकारी को बढ़ा सकें, जिनके अध्ययन से जुड़ी सामग्रियों की लंदन में कमी नहीं है।

"मुझे सभी प्रकार की कलाओं से नफरत है!" आप कहते हैं। महानुभाव, मैं आपका और भी सम्मान करता हूँ।

साहित्य की बात करने से पहले मैं आपकी समस्या को दूर करूँगा।

□

10

जीवन में कुछ भी नीरस नहीं

कला कमाल की चीज है, लेकिन यह महानतम नहीं है। समझी जानेवाली सभी बातों में लगातार जारी रहनेवाले कारण और परिणाम को समझना सबसे जरूरी है। दूसरे शब्दों में, इसे ब्रह्मांड के सतत विकास के रूप में समझा जा सकता है। यही नहीं, इसे उत्पत्ति के क्रम को समझना भी कह सकते हैं। किसी के भी दिमाग में जब यह सच्चाई अच्छी तरह बैठ जाती है कि कारण के बिना कुछ नहीं होता, तो उसकी समझ न केवल बहुत बड़ी हो जाती है, बल्कि उसका दिल भी बहुत बड़ा हो जाता है।

किसी की घड़ी की चोरी हो जाना इतना आसान नहीं; पर जब हो जाती है तो व्यक्ति सोचता है कि उस घड़ी को चुरानेवाला अपने आनुवंशिक गुणों और माहौल की वजह से चोर बना होगा, जो अपने आप में दिलचस्प है तथा वैज्ञानिक रूप से उसे समझा जा सकता है। और फिर, व्यक्ति दूसरी घड़ी खरीद लेता है, भले ही उसे ऐसा करते हुए खुशी नहीं होती; क्योंकि ऐसा कोई ज्ञान नहीं, जिससे

मन में कटुता पैदा ही न हो। कारण और परिणाम का अध्ययन करने पर व्यक्ति के मन से वह बुरी भावना निकल जाती है, जो ऐसे कई लोगों में दिखती है, जो हमेशा ही जीवन की उत्सुकता से हैरान-परेशान रहते हैं। ऐसे लोग मनुष्यों के बीच इस प्रकार रहते हैं, जैसे वे मनुष्यों के स्वभाव को जानते ही नहीं और उनके तौर-तरीके उन्हें एकदम अपरिचित-से लगते हैं। लेकिन परिपक्व हो जाने के बाद उन्हें अपने ऊपर शर्म आती है कि वे अनजाने देश के एक अपरिचित व्यक्ति थे।

कारण और परिणाम का अध्ययन जहाँ जीवन के कष्ट को कम करता है, वहीं उसकी खूबसूरती को बढ़ा देता है। जिस इनसान के लिए 'विकास' मात्र एक शब्द है, वह सागर को भव्य एवं एक ही प्रकार के दृश्य के रूप में देखता है, जिसके लिए अगस्त में तीन शिलिंग के थर्ड क्लास का टिकट काफी है।

कारण और परिणाम का अध्ययन जहाँ जीवन के कष्ट को कम करता है, वहीं उसकी खूबसूरती को बढ़ा देता है। जिस इनसान के लिए 'विकास' मात्र एक शब्द है, वह सागर को भव्य एवं एक ही प्रकार के दृश्य के रूप में देखता है, जिसके लिए अगस्त में तीन शिलिंग के थर्ड क्लास का टिकट काफी है। वह व्यक्ति, जो विकास को कारण और परिणाम की निरंतरता को अच्छी तरह समझ चुका है, वह उस सागर में एक ऐसे तत्त्व को देखता है, जो दो दिन पहले भू-विज्ञान

के लिए वाष्प था, जो कल तक उबल रहा था और आनेवाले कल में निश्चित रूप से बर्फ बन जाएगा।

वह जानता है कि कोई तरल पदार्थ मात्र कुछ ऐसा होता है, जो ठोस हो जाएगा और उसके मन में जीवन की अद्‌भुत परिवर्तनशील सुंदरता समा जाती है। इस बात की समझ को धीरे-धीरे विकसित किए जाने से अधिक स्थायी संतुष्टि किसी भी दूसरी चीज से नहीं मिल सकती है। यही सभी प्रकार के विज्ञान का निचोड़ है।

कारण और परिणाम को हर जगह देखा जा सकता है। लंदन के शेफर्ड बुश में किराया बढ़ गया। यह सुनकर तकलीफ भी हुई और सदमा भी लगा कि शेफर्ड बुश में किराया बढ़ गया।

कारण और परिणाम को हर जगह देखा जा सकता है। लंदन के शेफर्ड बुश में किराया बढ़ गया। यह सुनकर तकलीफ भी हुई और सदमा भी लगा कि शेफर्ड बुश में किराया बढ़ गया। लेकिन हम सभी कुछ हद तक कारण और परिणाम के विज्ञान को समझनेवाले छात्र हैं तथा लियॉन्स रेस्त्राँ में लंच करनेवाला एक क्लर्क भी जानता है कि दो और दो चार होते हैं तथा वह यह भी जानता है कि टू-पेनी ट्यूब (किसी जमाने में चलनेवाली ट्यूब ट्रेन) के कारण शेफर्ड बुश में विगवैम्स (झोंपड़ीनुमा खोली) की माँग बहुत बढ़ गई है और विगवैम्स की बेहिसाब माँग के चलते ही उनका किराया बढ़ गया है।

"सीधी सी बात है!" आप नाक-भौंह सिकोड़कर कहते हैं। जब आपको दो और दो का जोड़ अच्छी तरह समझ आ जाएगा, तब आपको भी पूरे जटिल ब्रह्मांड की गतिविधि इतनी ही सरल लगने लगेगी। और मेरे प्रिय महानुभाव, आप शायद संपत्ति की खरीद-बिक्री करनेवाले एजेंट के क्लर्क हैं तथा इस वजह से कला से नफरत करते हैं, फिर भी चाहते हैं कि आपकी अमर आत्मा का विकास हो; और अपने काम में आपका मन नहीं लगता, क्योंकि वह एकदम नीरस है।

"सीधी सी बात है!" आप नाक-भौंह सिकोड़कर कहते हैं। जब आपको दो और दो का जोड़ अच्छी तरह समझ आ जाएगा, तब आपको भी पूरे जटिल ब्रह्मांड की गतिविधि इतनी ही सरल लगने लगेगी।

कुछ भी नीरस नहीं होता।

जीवन की पल-पल बदलती खूबसूरती को किसी भी जमीन-जायदाद की खरीद-बिक्री करनेवाले एजेंट के ऑफिस में बड़े आकर्षक तरीके से दिखाया जाता है। अब एक चौंकानेवाली बात—ऑक्सफोर्ड स्ट्रीट के एक ब्लॉक में अकसर ट्रैफिक की समस्या रहती थी। उस ब्लॉक से बचने के लिए लोगों ने अंडरग्राउंड रास्तों एवं नालों से सफर करना शुरू कर दिया और इसके कारण शेफर्ड बुश में किराया बढ़ गया। अब आप कहेंगे कि यह कौन सी खूबसूरती हुई! मान लीजिए, इसी उत्साह के साथ आप

हर शाम डेढ़ घंटे लंदन में प्रॉपर्टी के विषय में पढ़ना शुरू करते हैं। क्या इससे आपके बिजनेस में नया जोश पैदा नहीं होगा और इससे आपकी पूरी जिंदगी नहीं बदल जाएगी ?

आपके सामने और भी मुश्किल प्रश्न आएँगे और आप यह बता पाएँगे कि कारण एवं परिणाम के स्वाभाविक कारणों से लंदन की सबसे लंबी व सीधी सड़क डेढ़ गज लंबी है; जबकि पेरिस की सबसे लंबी, बिल्कुल सीधी सड़क मीलों लंबी है।

आपके सामने और भी मुश्किल प्रश्न आएँगे और आप यह बता पाएँगे कि कारण एवं परिणाम के स्वाभाविक कारणों से लंदन की सबसे लंबी व सीधी सड़क डेढ़ गज लंबी है; जबकि पेरिस की सबसे लंबी, बिल्कुल सीधी सड़क मीलों लंबी है। मुझे लगता है कि आप इस बात को मानेंगे कि संपत्ति की खरीद-बिक्री करनेवाले एजेंट के मामले में मैंने ऐसा उदाहरण नहीं चुना, जो विशेष रूप से मेरी थ्योरी का समर्थन करता है। आप एक बैंक क्लर्क हैं और आपने साँसें रोक देनेवाले रोमांस (जो एक वैज्ञानिक अध्ययन के पीछे छिपा है) के विषय पर वाल्टर बेजहॉट की पुस्तक 'लोम्बार्ड स्ट्रीट' को नहीं पढ़ा होगा ? अरे, मेरे प्यारे सर, अगर आपने उसे पढ़ना शुरू किया होता और हर शाम 90 मिनट का समय दिया होता तो अब तक आपका बिजनेस आपको कितना मजेदार लगने लगता तथा इनसान के

स्वभाव को आप कितना अच्छी तरह समझने लग जाते।

आपकी किस्मत में ही शहर लिखा है; लेकिन आपको घूमना और वन्य जीवन को देखना बहुत पसंद है, जो निश्चित रूप से ऐसा परिवर्तन है, जो मन को विशाल बना सकता है। आप ऐसा क्यों नहीं करते कि किसी रात चप्पलों में ही बटरफ्लाई नेट के साथ सबसे करीबी स्ट्रीट लाइट के पास जाते हैं और वहाँ उड़ रहे कुछ आम एवं कुछ खास कीट-पतंगों तथा अन्य वन्य जीवन को देखते हैं और जो जानकारी मिलती है, उसे बढ़ाते हैं तथा उसे विशाल बना देते हैं, जिसके बाद आखिर में आपको किसी चीज के बारे में कुछ तो जानकारी हो जाएगी!

जीवन को पूरी तरह जीने के लिए जरूरी नहीं कि आप कला और साहित्य के प्रति समर्पित हो जाएँ।

रोजाना की आदतें और तसवीरें ही उस जिज्ञासा को शांत करने के लिए काफी हैं, जिसे 'जिंदगी' कहते हैं और इनसे मिलनेवाली संतुष्टि से सबकुछ समझ आ जाता है।

जीवन को पूरी तरह जीने के लिए जरूरी नहीं कि आप कला और साहित्य के प्रति समर्पित हो जाएँ।

रोजाना की आदतें और तसवीरें ही उस जिज्ञासा को शांत करने के लिए काफी हैं, जिसे 'जिंदगी' कहते हैं और इनसे मिलनेवाली संतुष्टि से सबकुछ समझ आ जाता है।

जीवन में कुछ भी नीरस नहीं

श्रीमान, मैंने आपसे वादा किया था कि कला एवं साहित्य से नफरत को लेकर आपकी समस्या दूर करूँगा और मैंने इसे दूर कर दिया है। अब मैं उस व्यक्ति पर आता हूँ, जो अकसर खुश रहता है और जिसे वास्तव में पढ़ना पसंद है।

□

11

गंभीर अध्ययन

उपन्यास 'गंभीर अध्ययन' के दायरे से बाहर हैं, इसलिए जो व्यक्ति अपने विकास पर तुला है और जो हफ्ते में तीन दिन अपने 90 मिनट चार्ल्स डिकेंस की लिखी सभी पुस्तकों को पढ़ने में बिताना चाहता है, उसे अपनी योजना बदलने की सलाह दी जाती है। इसका कारण यह नहीं कि उपन्यास गंभीर नहीं होते। दुनिया की कुछ शानदार साहित्यिक रचनाएँ उपन्यास के रूप में ही हैं, फिर भी खराब उपन्यासों को पढ़ने की जरूरत नहीं और अच्छे उपन्यासों में पाठकों को दिमाग पर जरा भी जोर नहीं डालना पड़ता है। मेरेडिथ के उपन्यासों के केवल खराब हिस्से ही मुश्किल हैं। एक अच्छा उपन्यास आपको उसी तरह तेजी से आगे ले जाता है, जैसे किसी धारा में हलकी नौका बहती चली जाती है और आप उसके अंत तक दिल थामे पहुँच जाते हैं; लेकिन आपका दिमाग शायद तरोताजा ही रहता है। सबसे अच्छे उपन्यासों को पढ़ने में सबसे कम जोर लगता है। जहाँ तक मन को विकसित करने की

बात है तो इसके लिए उस पर दबाव को, किसी कठिनाई को, जिस काम को पूरा करने के लिए आप परेशान हैं, जबकि आपका दूसरा मन कहता है कि उससे बच निकला जाए। ऐसे तनाव को महसूस करना जरूरी है, जिसका सामना आप किसी उपन्यास को पढ़ते समय नहीं कर सकते हैं। 'अन्ना कैरेनिना' पढ़ते समय आपको दाँत-पर-दाँत चढ़ाने की जरूरत नहीं पड़ती। इसलिए आपको उपन्यास पढ़ना चाहिए, लेकिन उन 90 मिनटों के दौरान नहीं।

> ***कल्पना से भरी कविता को पढ़ने में किसी उपन्यास की तुलना में मन पर कहीं अधिक जोर डालना पड़ता है। शायद साहित्य के किसी भी रूप की तुलना में इसे पढ़ने में सबसे अधिक तनाव पैदा होता है। इससे सबसे ऊँचे स्तर का आनंद भी मिलता है और सर्वोच्च स्तर का ज्ञान भी प्राप्त होता है। एक शब्द में कहें तो यह अतुलनीय है।***

कल्पना से भरी कविता को पढ़ने में किसी उपन्यास की तुलना में मन पर कहीं अधिक जोर डालना पड़ता है। शायद साहित्य के किसी भी रूप की तुलना में इसे पढ़ने में सबसे अधिक तनाव पैदा होता है। इससे सबसे ऊँचे स्तर का आनंद भी मिलता है और सर्वोच्च स्तर का ज्ञान भी प्राप्त होता है। एक शब्द में कहें तो यह अतुलनीय है। मुझे यह कहते हुए दुःख हो रहा है कि अधिकांश लोग कविता नहीं पढ़ते।

मैं यकीन के साथ कह सकता हूँ कि कुछ बेहद शानदार लोगों से भी कहा जाए कि वे 'पैराडाइज लॉस्ट' को पढ़ें और अगर ऐसा नहीं करना चाहते तो उन्हें दोपहर में बोरी से बने कपड़ों में घुटनों के बल ट्राफल्गर स्क्वायर के चक्कर लगाने पड़ेंगे तो वे इस कष्ट और लोगों के बीच अपना मजाक बनने के विकल्प को चुन लेंगे। इसके बावजूद मैं अपने दोस्तों और दुश्मनों को हमेशा ही यही सलाह दूँगा कि उन्हें अन्य किसी की तुलना में कविता पढ़नी चाहिए।

> ***अगर आपके लिए कविता 'काला अक्षर भैंस बराबर' है तो पहले 'सामान्य कविता' के विषय पर हैजलिट के लिखे प्रसिद्ध निबंध को पढ़ें। अंग्रेजी में यह अपने तरह की सबसे अच्छी रचना है और जिसने भी इसे पढ़ा है, उसकी यह गलतफहमी दूर हो गई होगी कि कविता मध्य युगीन यातना है या कोई पागल हाथी। यह ऐसी बंदूक है, जो अपने आप चल जाएगी और चालीस कदम दूर खड़े व्यक्ति को मार देगी।***

अगर आपके लिए कविता 'काला अक्षर भैंस बराबर' है तो पहले 'सामान्य कविता' के विषय पर हैजलिट के लिखे प्रसिद्ध निबंध को पढ़ें। अंग्रेजी में यह अपने तरह की सबसे अच्छी रचना है और जिसने भी इसे पढ़ा है, उसकी यह गलतफहमी दूर हो गई होगी कि कविता मध्य युगीन यातना है या कोई पागल हाथी।

यह ऐसी बंदूक है, जो अपने आप चल जाएगी और चालीस कदम दूर खड़े व्यक्ति को मार देगी। बेशक, जिस व्यक्ति ने हैजलिट का निबंध पढ़ा है, लेकिन किसी कविता को पढ़ने की उसे तुरंत इच्छा नहीं होती और वह पहले भोजन करना चाहता है, तो उसकी मनोदशा को समझना मुश्किल है। लेकिन उस निबंध से आप प्रेरित हो जाते हैं तो मैं कहूँगा कि आप पहले विशुद्ध रूप से घटना का पूरा वर्णन करनेवाली कविता को पढ़ें।

एक बेहद शानदार अंग्रेजी उपन्यास है, जिसे एक महिला ने लिखा है और जो जॉर्ज इलियट या ब्रोंटेस, यहाँ तक कि जेन ऑस्टेन के किसी भी उपन्यास से ज्यादा बेहतर है, लेकिन आपने शायद उसे पढ़ा नहीं होगा। उस उपन्यास का नाम है 'ऑरोरा ले' और उसकी लेखिका हैं ई.बी. ब्राउनिंग। उसे पद्य के रूप में लिखा गया है और उसमें सही मायने में कुछ बहुत अच्छी कविताएँ हैं। भले ही पढ़ते-पढ़ते जान जाने

एक बेहद शानदार अंग्रेजी उपन्यास है, जिसे एक महिला ने लिखा है और जो जॉर्ज इलियट या ब्रोंटेस, यहाँ तक कि जेन ऑस्टेन के किसी भी उपन्यास से ज्यादा बेहतर है, लेकिन आपने शायद उसे पढ़ा नहीं होगा। उस उपन्यास का नाम है 'ऑरोरा ले' और उसकी लेखिका हैं ई.बी. ब्राउनिंग। उसे पद्य के रूप में लिखा गया है और उसमें सही मायने में कुछ बहुत अच्छी कविताएँ हैं।

लगे, लेकिन तय कर लीजिए कि आप इस पुस्तक को पूरा पढ़ जाएँगे। भूल जाइए कि यह बेहद शानदार कविता है। बस, इसकी कहानी एवं सामाजिक विचारों के लिए ही इसे पढ़ जाइए और जब आप इसे पढ़ लें तो खुद से ईमानदारी से पूछिएगा कि क्या अब भी आप कविता से नफरत करते हैं? मैं ऐसे कई लोगों को जानता हूँ, जिन्होंने यह माना कि 'ऑरोरा ले' को पढ़ने के बाद उन्हें एहसास हुआ कि कविता से नफरत करना उनकी बड़ी भूल थी।

बेशक, अगर हैजलिट को पढ़ने के बाद और उनके संदर्भ में किए गए किसी प्रयोग के बाद भी आप पूरी तरह संतुष्ट हैं कि आपके भीतर कुछ है, जो कविता को पसंद नहीं करता तो आप इतिहास या दर्शनशास्त्र को चुन सकते हैं। मुझे इसका दुःख होगा, लेकिन इतना भी नहीं। 'द डिक्लाइन एंड फॉल' की तुलना 'पैराडाइज लॉस्ट' से नहीं

बेशक, अगर हैजलिट को पढ़ने के बाद और उनके संदर्भ में किए गए किसी प्रयोग के बाद भी आप पूरी तरह संतुष्ट हैं कि आपके भीतर कुछ है, जो कविता को पसंद नहीं करता तो आप इतिहास या दर्शनशास्त्र को चुन सकते हैं। मुझे इसका दुःख होगा, लेकिन इतना भी नहीं। 'द डिक्लाइन एंड फॉल' की तुलना 'पैराडाइज लॉस्ट' से नहीं की जा सकती है। फिर भी, यह काफी अच्छी पुस्तक है।

की जा सकती है। फिर भी, यह काफी अच्छी पुस्तक है। और हर्बर्ट स्पेंसर की 'फर्स्ट प्रिंसिपल्स' कविता के दावों की खिल्ली उड़ाती है तथा किसी भी प्रकार से उसे स्वीकार नहीं करती कि वह किसी इनसानी दिमाग की सबसे शानदार उपज है। मेरी सलाह है कि मानसिक तनाव में कोई भी नौसिखिया इनमें से किसी पुस्तक को न पढ़े। लेकिन मुझे नहीं लगता कि एक साल तक लगातार पढ़ते रहने के बाद कोई भी सामान्य बुद्धि वाला व्यक्ति इस काबिल नहीं हो जाता कि वह इतिहास या दर्शन की सबसे कमाल की रचनाओं को पढ़ न सके। प्रसिद्ध रचनाओं के साथ सबसे बड़ी सुविधा यह होती है कि वे अद्‌भुत रूप से, आसानी से समझ आ जाती हैं।

शुरुआत करने के लिए मैं किसी खास पुस्तक की सलाह नहीं दूँगा। मुझे नहीं लगता कि इसका कोई लाभ होगा। फिर भी, मैं दो सामान्य सुझाव देना चाहूँगा, जिनका कुछ महत्त्व है। पहला आपके प्रयासों की दिशा और उनके दायरों को निर्धारित करने से जुड़ा है।

शुरुआत करने के लिए मैं किसी खास पुस्तक की सलाह नहीं दूँगा। मुझे नहीं लगता कि इसका कोई लाभ होगा। फिर भी, मैं दो सामान्य सुझाव देना चाहूँगा, जिनका कुछ महत्त्व है। पहला आपके प्रयासों की दिशा और उनके दायरों को निर्धारित करने से जुड़ा है। किसी सीमित अवधि, किसी सीमित विषय या एक ही लेखक को चुनें।

किसी सीमित अवधि, किसी सीमित विषय या एक ही लेखक को चुनें। खुद से कहें कि "मैं फ्रांस की क्रांति, रेलवे के उदय या जॉन कीट्स की रचनाओं के विषय में थोड़ी जानकारी हासिल करूँगा।" और उस समय के दौरान अपने आप को पहले से निर्धारित विकल्प तक ही सीमित रखें। स्पेशलिस्ट होने की खुशी ही कुछ और होती है।

आप जो पढ़ रहे हैं, उस पर जब तक कम-से-कम 45 मिनट का समय ध्यान से थका देनेवाले चिंतन (शुरुआत में बहुत उबाऊ होता है) को नहीं देंगे, तब तक हर रात का आपका 90 मिनट बरबाद होता रहेगा। ऐसा करते समय आपको रफ्तार धीमी रखनी होगी। लेकिन इसकी परवाह न करें।

दूसरा सुझाव यह है कि पढ़ें और सोचें भी। मैं ऐसे लोगों को जानता हूँ, जो पढ़ते हैं और बस, पढ़ते हैं तथा इतना पढ़ने का उन्हें यही लाभ होता है कि वे भी ब्रेड व बटर को काट सकते हैं। उनके लिए पढ़ना वैसा ही है, जैसे पैसेवाले शराब पीते हैं। वे साहित्य के इलाके से मोटर गाड़ी पर सवार होकर तेजी से निकल जाते हैं, मानो उनका एकमात्र मकसद रफ्तार हासिल करना है। वे आपको बताएँगे कि एक साल में उन्होंने कितनी पुस्तकें पढ़ ली हैं।

आप जो पढ़ रहे हैं, उस पर जब तक कम-से-कम 45 मिनट का समय ध्यान से थका देनेवाले चिंतन (शुरुआत में बहुत उबाऊ

होता है) को नहीं देंगे, तब तक हर रात का आपका 90 मिनट बरबाद होता रहेगा। ऐसा करते समय आपको रफ्तार धीमी रखनी होगी। लेकिन इसकी परवाह न करें।

लक्ष्य को भूल जाएँ। केवल आसपास के इलाके के विषय में सोचें और शायद कुछ समय बाद आप अचानक किसी पहाड़ पर खुद को इतने सुंदर शहर में पाएँगे, जिसके विषय में आपने सपने में भी नहीं सोचा होगा।

□

12

खतरों से सावधान

अच्छी तरह जीने (बस, जीते रहने से अलग) के मकसद से अपने समय का पूरा इस्तेमाल करने के विषय को मैं कुछ खतरों का संक्षेप में जिक्र किए बिना समाप्त नहीं कर सकता, जो वैसे तो मुझे कुछ ज्यादा ही उपदेश की तरह और अचानक से चर्चा में आनेवाली लगती हैं, लेकिन उन्हें जानने की दिलचस्पी जीवन के प्रति ईमानदारी से सीखने की इच्छा रखनेवाले लोगों में रहती है। उनमें से पहला भयंकर खतरा सबसे अप्रिय और सबसे असहनीय व्यक्ति, यानी घमंडी बन जाने का होता है। घमंडी व्यक्ति ऐसा ढीठ होता है, जो दिखाता है कि उसे हद से ज्यादा ज्ञान है। यह घमंडी व्यक्ति अहंकारी व मूर्ख होता है, जो समारोह में परेड पर निकल जाता है, लेकिन उसे समझ नहीं आता कि वह अपनी वेशभूषा की सबसे महत्त्वपूर्ण चीज को पहनना भूल गया, यानी अपने विनोदी स्वभाव को उसने छोड़ दिया है। ऐसा घमंडी व्यक्ति इतना उबाऊ होता है कि अपनी किसी जानकारी पर खूब इतराता है, लेकिन जब

दुनिया को उसमें कुछ खास नहीं दिखता तो वह गुस्से से लाल हो जाता है। अनजाने में ही ऐसा घमंडी बन जाना आसान और बेहद खतरनाक होता है।

इसलिए, जब कोई अपने पूरे समय का उपयोग करने के अभियान पर निकलता है तो उसे यह याद रखना चाहिए कि वह अपने समय का उपयोग करे, न कि दूसरों का। उसने जब अपने घंटों का सदुपयोग करना शुरू किया, उससे पहले दुनिया अच्छी तरह चल रही थी और वह उतनी ही अच्छी तरह चलती रहेगी, चाहे व्यक्ति समय के खजाने के खजांची की अपनी नई भूमिका में सफल हो या नहीं। दिन-रात इसे बताने की जरूरत नहीं कि आप क्या कर रहे हैं और इस नजारे पर जरूरत से ज्यादा दु:खी व उदास होने की आवश्यकता नहीं कि पूरी दुनिया हर दिन कितने घंटे बरबाद कर रही है और इस वजह से सही मायने में जिंदगी नहीं जी रही है। आखिर में, यह बात समझ आ जाएगी कि व्यक्ति केवल अपना ही खयाल रख सकता है।

जब कोई अपने पूरे समय का उपयोग करने के अभियान पर निकलता है तो उसे यह याद रखना चाहिए कि वह अपने समय का उपयोग करे, न कि दूसरों का। उसने जब अपने घंटों का सदुपयोग करना शुरू किया, उससे पहले दुनिया अच्छी तरह चल रही थी और वह उतनी ही अच्छी तरह चलती रहेगी'''

दूसरा खतरा किसी कार्यक्रम से उसी तरह बँध जाने का है, जैसे कोई गुलाम रथ से बाँध दिया जाता है। कार्यक्रम को अपने ऊपर हावी मत होने दीजिए। इसका सम्मान होना चाहिए, लेकिन उसकी अंधभक्ति नहीं होनी चाहिए। रोजाना का कार्यक्रम कोई मजहब नहीं।

यह बात आसानी से समझ में आने वाली है। फिर भी, मैं ऐसे लोगों को जानता हूँ, जिनका जीवन उन पर एक बोझ है और उनके रिश्तेदारों एवं दोस्तों के लिए दुःखदायी बोझ है, क्योंकि उन्होंने सामान्य सी चीज को नहीं समझा है। मैंने ऐसे लोगों की पत्नियों को यह कहते सुना है, "अरे नहीं, ऑर्थर हमेशा ही कुत्ते को 8 बजे व्यायाम के लिए लेकर जाते हैं और 8.45 बजे पढ़ने लगते हैं। अतः हमारे लिए संभव नहीं हो पाएगा कि हम…" वगैरह, वगैरह! और ऐसी अफसोस जतानेवाली बातों में जो अटल रहने का संकेत होता है, वह किसी के जीवन के विचित्र और मूर्खतापूर्ण पहलू को उजागर कर देता है।

यह बात आसानी से समझ में आने वाली है। फिर भी, मैं ऐसे लोगों को जानता हूँ, जिनका जीवन उन पर एक बोझ है और उनके रिश्तेदारों एवं दोस्तों के लिए दुःखदायी बोझ है, क्योंकि उन्होंने सामान्य सी चीज को नहीं समझा है।

दूसरी तरफ, एक कार्यक्रम होता है और उसे गंभीरता से नहीं लिया गया तो वह एक भद्दा मजाक बनकर रह जाता है। अपने कार्यक्रम को बिल्कुल सही तरीके से गंभीरता से लेना चाहिए, ताकि जीवन को न तो बहुत कठोरता से, न ही ढिलाई से जिया जाए। लेकिन यह देखने में जितना आसान लगता है, करने में उतना ही मुश्किल होता है।

वहीं, एक और खतरा हड़बड़ी की नीति का खतरा है, जिसमें व्यक्ति पर अगले काम को करने का जुनून सवार रहता है। ऐसी स्थिति में, व्यक्ति किसी जेल में रहनेवाले के जैसा हो जाता है और उसकी जिंदगी उसकी नहीं रह जाती। कोई अपने कुत्ते को 8 बजे टहलाने के लिए ले जा सकता है और इस बात पर ध्यान लगाने में पूरा समय बिता सकता है कि उसे 8.45 बजे पढ़ना शुरू कर देना है और वह देर न हो जाए।

> ***वहीं, एक और खतरा हड़बड़ी की नीति का खतरा है, जिसमें व्यक्ति पर अगले काम को करने का जुनून सवार रहता है। ऐसी स्थिति में, व्यक्ति किसी जेल में रहनेवाले के जैसा हो जाता है और उसकी जिंदगी उसकी नहीं रह जाती।***

इसके साथ ही, कभी-कभी जान-बूझकर अपने कार्यक्रम को तोड़ने का भी फायदा नहीं होगा। यह बुराई इस कारण नहीं आती कि व्यक्ति बिना रियायत के प्रयास करता रहता है, बल्कि सही मायने में

हद से ज्यादा करने के कारण होता है, जब व्यक्ति इतने सारे काम करना चाहता है, जो उतने समय में संभव नहीं हो पाते हैं। इसका एक ही इलाज है कि अपने कार्यक्रम को फिर से बनाएँ और सीमित काम करने के प्रयास करें।

लेकिन ज्ञान जितना हासिल करेंगे, उसकी भूख उतनी ही बढ़ जाती है और कुछ लोग तो ऐसे होते हैं, जो एक के बाद एक बिना रुके काम में जुटे रहते हैं। उनके विषय में यही कहा जा सकता है कि हमेशा के लिए सोते रहने से अच्छा है कि साँस लेने की फुरसत न मिले।

कार्यक्रम में अगर अत्याचार की प्रवृत्ति है, लेकिन व्यक्ति उसे बदलना न चाहे तो सबसे अच्छा उपाय यही है कि एक काम देकर दूसरे काम की तरफ जाते समय जान-बूझकर थोड़ी देरी की जाए।

खैर, कार्यक्रम में अगर अत्याचार की प्रवृत्ति है, लेकिन व्यक्ति उसे बदलना न चाहे तो सबसे अच्छा उपाय यही है कि एक काम देकर दूसरे काम की तरफ जाते समय जान-बूझकर थोड़ी देरी की जाए। उदाहरण के लिए, सेंट बर्नार्ड को चेन से बाँधने और पुस्तक खोलने के बीच 5 मिनट तक दिमाग को पूरी तरह से बंद कर दें। दूसरे शब्दों में, 5 मिनट के समय को सबकुछ समझते हुए भी बरबाद होने दें।

आखिरी और सबसे बड़ा खतरा वह होता है, जिसकी चर्चा

मैं पहले कर चुका हूँ—किसी काम की शुरुआत में विफल होने का खतरा।

मैं इसे जोर देकर कहना चाहूँगा।

शुरुआत में मिली विफलता किसी नवजात को उसके पैरों पर खड़ा होने से पहले ही मार सकती है और इस कारण इससे बचने की हर संभव सावधानी बरती जानी चाहिए। शुरुआत में बहुत ज्यादा तनाव लेने की जरूरत नहीं है। पहले राउंड की रफ्तार हद से ज्यादा धीमी हो, तब भी कोई बात नहीं; लेकिन जहाँ तक संभव हो, उसे नियमित बनाए रखें।

और एक बार आपने किसी काम को करने का मन बना लिया है तो फिर वह कितना ही नीरस व उबाऊ क्यों न हो, किसी भी कीमत पर उसे पूरा करें। कमर-तोड़ मेहनत के बाद हासिल होनेवाले आत्मविश्वास का स्वाद ही कुछ और होता है।

और एक बार आपने किसी काम को करने का मन बना लिया है तो फिर वह कितना ही नीरस व उबाऊ क्यों न हो, किसी भी कीमत पर उसे पूरा करें। कमर-तोड़ मेहनत के बाद हासिल होनेवाले आत्मविश्वास का स्वाद ही कुछ और होता है।

आखिर में, शुरुआत करने के लिए शाम को किए जानेवाले काम को चुनते समय कुछ और नहीं, बस, अपनी रुचि व स्वाभाविक रुझान का खयाल रखिए।

दर्शनशास्त्र के ज्ञान का चलता-फिरता भंडार होना अच्छी बात है; लेकिन आपको दर्शनशास्त्र पसंद नहीं है तथा आपको बचपन से ही फेरी लगानेवालों की आवाज पसंद है, तो अच्छा होगा कि आप दर्शनशास्त्र को छोड़ दें और फेरी लगाने वालों की आवाजें सुनना शुरू कर दें।

□

आर्नल्ड बेनेट की सलाह और चेतावनी

आर्नल्ड बेनेट निम्नलिखित सलाह देते हैं—

- 24 घंटे के दिन को दो अलग-अलग दिनों के रूप में देखें, एक जो 8 घंटे का कार्यदिवस होगा और दूसरा 16 घंटे का व्यक्तिगत दिवस, जिसका हिसाब-किताब लगाना होगा तथा उसका उपयोग भी किया जाएगा।
- अपने मन को हर दिन इस प्रकार प्रशिक्षित करें कि वह किसी एक चीज पर लगातार लंबे समय तक खुद को केंद्रित कर सके, जिसकी अवधि उनके 'औसत मामले' के उदाहरण में 50 मिनट होती है।
- अपने ऊपर चिंतन करें।
- शुरुआत में हफ्ते में तीन शामों तक हर शाम 90 मिनट

का समय निकालें। और भी समय निकाला जा सकता है, लेकिन बेनेट की सलाह है कि बड़ा कदम उठाने और विफल हो जाने से अच्छा है कि आप शुरुआत छोटी ही करें।

- ये 90 मिनट शाम को, सुबह में, काम के लिए जाते समय ट्रेन में या अन्य समय में से निकाले जा सकते हैं, जिनका सही इस्तेमाल नहीं होता। ज्यादातर लोगों को वे शाम के समय को ही सुझाते हैं; लेकिन यह आपकी दिनचर्या पर निर्भर करता है।
- उन 90 मिनटों का इस्तेमाल खुद को बेहतर बनाने में करें। कई हफ्तों और महीनों बाद, समय के उन हिस्सों में प्राप्त ज्ञान बढ़ते-बढ़ते अच्छा-खासा हो जाएगा।
- अपने भीतर सुधार करने का एकमात्र साधन साहित्य ही नहीं है, बल्कि दूसरी चीजों को पढ़ना भी लाभकर हो सकता है, जैसे कि अपने कारोबार के बारे में और सीखना, चीजों के होने के कारणों व परिणामों को जानना और इतिहास तथा दर्शन के बारे में सीखना।
- अपने भीतर सुधार लाने के लिए वे उपन्यास पढ़ने की सलाह नहीं देते हैं। वे कविता पढ़ने की, विशेष रूप से पद्यात्मक उपन्यास पढ़ने की पुरजोर सिफारिश करते हैं, जैसे कि मिल्टन लिखित 'पैराडाइज लॉस्ट'।

आर्नल्ड इनसे बचने की भी सलाह देते हैं—

- उपदेशक बनने से और इस पर जोर देने से कि दूसरे भी उसी सुधारात्मक कार्यक्रम को अपनाएँ, वे कहते हैं कि अपने सुधार की चिंता करना ही काफी है।
- अपने कार्यक्रम का गुलाम बनने से अच्छा है कि आप इतने लचीले हों कि आप अपने जीवन में दूसरी चीजों को भी होने दें। साथ ही यह इतना कठोर होना चाहिए कि इसे एक कार्यक्रम कहा जा सके। बेनेट कहते हैं कि कठोरता और लचीलापन के बीच संतुलन स्थापित करना आसान नहीं होता।
- जल्दबाजी में रहना और लगातार इसी चिंता में रहना कि इसके बाद क्या करना है! इस विषय में वे कहते हैं कि यह किसी जेल में रहने जैसा है। उनका कहना है—"आपने जिसका लक्ष्य रखा है, उसमें लचीलापन के बिना जुटे रहने से बुराई नहीं आती, बल्कि शुरुआत में ही बहुत बड़ा लक्ष्य रख लेने से और अपने कार्यक्रम में हद से ज्यादा चीजों को भर देने से आती है। इसका एक ही उपाय है कि कार्यक्रम को फिर से बनाएँ और छोटा लक्ष्य रखें।"
- प्रयास की शुरुआत में ही नाकामी से बचना, जो 'संपूर्ण तेजस्विता की दिशा में किए गए नवजात प्रयास को

मार सकता है, और इस कारण इससे बचने की सारी सावधानियाँ बरती जानी चाहिए। इस पर हद से ज्यादा बोझ नहीं डालना चाहिए। पहले दौर की गति बेहद धीमी है तो होने दीजिए, लेकिन जहाँ तक संभव हो इसे नियमित बनाए रखिए।'

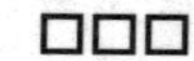